The Open University

centre for
MODERN
LANGUAGES

OUVERTURE

Cadences   Livre 1
L'année mode d'emploi

L120 course team

OU team

Ghislaine Adams (*course manager*)
Marie-Claude Bovet (*course secretary*)
Joan Carty (*liaison librarian*)
Ann Cobbold (*course secretary*)
Jonathan Davies (*design group co-ordinator*)
Tony Duggan (*project controller*)
Jane Duffield (*project controller*)
Kevin Firth (*team member/author*)
Janis Gilbert (*graphic artist*)
David Hare (*team member/author*)
Pam Higgins (*designer*)
Angela Jamieson (*BBC producer*)
Marie-Noëlle Lamy (*course team chair/author*)
Kate Laughton (*editor*)
Mike Levers (*photographer*)
Ruth McCracken (*course manager*)
Reginald Melton (*IET*)
Hélène Mulphin (*team member/author*)
Jenny Ollerenshaw (*team member/author*)
Margaret Selby (*course secretary*)
Anne Stevens (*reading member*)
Betty Talks (*BBC series producer*)
Penny Vine (*BBC producer*)

External assessor

Professor Samuel Taylor (Department of French, University of St Andrews)

External consultants

Authors who contributed to the writing of the materials were: Martyn Bird; Elspeth Broady; Lucile Ducroquet; Brigitte Guénier; Philip Handley; Rod Hares; Hélène Lewis; Margaret Mitchell; Sandra Truscott; Margaret Tuccori.

Critical readers were: Lucette Barbarin; Malcolm Bower; Brian Page; John Pettit; Pam Shakespeare; Richard Tuffs. Bob Powell was the language adviser.

Supplementary picture and text research by Pierrick Picot. Proofs read by Danièle Bourdais.

Developmental testing

The course team would like to thank all those people involved in testing the course materials. Their comments have been invaluable in the preparation of the course. In particular, thanks go to the following members of IET: Beryl Crooks; Ellie Chambers; Barbara Hodgson; Reginald Melton; Kay Pole; Don Whitehead; Alan Woodley; Hussein Zand.

The team would also like to thank the following adult education tutors: Liz Moss; Adèle Skegg; Theresa Young.

The Open University, Walton Hall, Milton Keynes MK7 6AA

First published 1994. Reprinted 1995

Copyright © 1994 The Open University

Edited, designed and typeset by the Open University

Printed in the United Kingdom by Butler and Tanner

ISBN 0 7492 6275 3

This text forms part of an Open University course. If you would like a copy of *Studying with the Open University* or more information on Open University language materials, please write to the Central Enquiry Service, P.O. Box 200, The Open University, Walton Hall, Milton Keynes MK7 6YZ.

1.3
L120-L500cad1i1.3

Contents

Introduction

We begin our study of French and the culture and traditions of the French people by focusing on the key events and traditions of the year in France. *L'année mode d'emploi* explains how the French year is organized (a *mode d'emploi* is usually a set of instructions telling you how a piece of equipment is put together or used). We begin with the annual migrations of *Les vacances d'été* featured in Section 1. In contrast, the festival of *Le quatorze juillet* that we examine in Section 2 is specifically French. You will learn something of its historical significance and find out what it means to people today. Autumn and winter are covered in Section 3, *L'automne et l'hiver*, which includes a look at why there are so many public holidays in November in France and at how the French celebrate Christmas and New Year. Section 4, *Le printemps*, completes the annual cycle with *Pâques* (Easter), *le premier mai* (May Day) and *la fête des Mères* (Mother's Day).

This first book aims to help you develop the study skills that you will need as you progress through the course. In particular, you will be getting used to working with a variety of media. The video and audio recordings you will listen to are of ordinary French people speaking naturally, so you can expect to find them difficult to understand, especially at first. The course has been written in a way that will help you learn to cope with these difficulties.

To help you organize your studies, each section begins with a study chart. This tells you how long you are likely to need to study a particular *activité* or topic and the equipment you will need. It also lists the key point for each *activité*. This is to help you if you need to check up on a specific point or when you come to revise.

For more general information on language learning and study skills, consult the Study Guide. This contains advice on the kinds of learning strategy you could adopt and tells you how to start a dossier to help organize and enhance your learning. It also includes a glossary of grammatical and other specialized terms that you'll meet as you work through the course. It's worth while glancing through the glossary before you begin to gain an idea of what it covers, and this is the place to look if you have difficulty later with specific terms.

As you work through the sections in this book, you will come across passages of grammatical and other explanation. In some instances, you'll see in the margin a picture of a book with the letter 'G' on it. This means that you should turn to your Grammar Book (*Harrap's French Grammar*, 1987, Edinburgh, Harrap Books, ISBN 0 245 54582 4) for further information.

The *activités* you will be asked to do are based on printed texts and on audio and video recordings. The numbers in the headings for the audio *activités* refer to the extract numbers on the Activities Cassette for this book.

There is also a Feature Cassette associated with this book. It contains interviews, poetry extracts and pieces of music which provide further insights into the French year. This cassette will allow you to practise listening to longer recordings of spoken French. You don't have to study the cassette intensively (although a tapescript is provided in the Transcript Booklet if you find there are parts that you want to understand in detail). Rather, you may like to listen to it for pleasure when you have a moment to relax or to have it on in the background while you do other tasks.

Finally, at the end of each section you will find *Faites le bilan* (taking stock). This is a summary of what we expect you to have learned from the section. Check you know how to do the things listed there before moving on to the next section.

1 Les vacances d'été

STUDY CHART

	Topic	Activity/timing	Audio/video	Key points
2 hrs	1.1 Sur la Côte d'Amour	1 (15 mins)	Video	Vocabulary: beach scenes
		2 (15 mins)	Video	Understanding opinions about a summer resort
		3 (10 mins)		Writing postcards; expressing the advantages and disadvantages of a summer resort
		4 (30 mins)	Audio	
1 hr	1.2 Vous prenez toujours vos vacances en été?	5 (10 mins)	Video	Vocabulary: choice of time and date for holidays
		6 (10 mins)	Audio	Stating reasons for a choice
		7 (10 mins)	Audio	
30 mins	1.3 Partir ou pas?	8 (20 mins)		Trends in holiday-making in France
2 hrs 30 mins	1.4 À l'étranger	9 (20 mins)	Audio	Holidays abroad; percentages; names of countries
		10 (5 mins)		Using le, la and les before the names of countries
		11 (10 mins)		
		12 (10 mins)		Using en, au and aux with the names of countries
		13 (10 minutes)	Audio	Linking sounds together
		14 (15 minutes)		Section revision
		15 (10 minutes)	Audio	

*W*e start this section on summer holidays in France with a video sequence showing a typical beach scene from a French resort on the Atlantic coast. As well as finding out a little about the history of holiday-making in France, you will hear present-day holiday-makers describing the advantages and disadvantages of a popular beach. This is followed by an interview with three women who explain whether summer is the best time for them to take their holidays. The subject is then set in context by a look at the background to holiday-making in France and current trends. We end by finding out how common holidays abroad are with the French.

As you work through this section, you will learn how to talk and write about some of your own holiday experiences.

1.1 Sur la Côte d'Amour

The video was all shot in the Pays de la Loire region in the west of France, and much of it is set in and around Nantes. In this first sequence you will be looking at one of the most popular leisure areas with the people of Nantes (*les Nantais*), namely the beaches around La Baule on the Atlantic coast to the west of the city. Like all coastal areas of France, this one has a name: the Côte d'Amour (the name that you've probably seen before is the Côte d'Azur, the south coast of France stretching from Toulon through Cannes and Nice to the Italian border).

The opening video sequence uses archive and contemporary film to show some of the ways in which the coast is used for leisure activities. It also traces a little of the history of holiday-making in France. You will see various people explaining why they like the Batz-sur-Mer beach, or why they don't.

The first two *activités* in this section introduce you to ways of working with video and familiarize you with some of the vocabulary used to describe seaside activities.

Activité 1

15 MINUTES

V I D E O

1 Watch the whole *Sur la Côte d'Amour* video sequence once (00:00–05:26 on the clock in the top left-hand corner of the screen). Concentrate on the images at this stage rather than on trying to understand what people are saying.

Regardez toute la séquence vidéo 'Sur la Côte d'Amour'.

2 Read through the list of statements below. You will find some vocabulary help overleaf under the heading *Pour vous aider*. Then test your visual memory by ticking those statements which correctly describe the scene you have just watched. If you find this too difficult at this stage, watch the colour sequence again (00:42–05:26), stopping the video every time you see something corresponding to one of the statements. Correct the six statements which are untrue. Do this in French if you can; if not, do it in English.

Lisez les phrases ci-dessous et testez votre mémoire visuelle: décidez quelles phrases décrivent correctement la scène. Si c'est trop difficile, regardez de nouveau la séquence, puis faites votre choix. Corrigez les six phrases fausses.

(a) Il y a beaucoup de monde sur la plage. ☑

(b) Il fait beau. ☑

(c) Il y a des gens qui pêchent. ☑

(d) Il fait beaucoup de vent. ☐

(e) Il y a des gens qui font de la planche à voile. ☐

(f) Il y a des trampolines dans le club des enfants. ☑

(g) Il y a des gens qui jouent au volley. ☐

(h) Beaucoup de gens se bronzent au soleil. ☑

(i) Il y a des gens qui se baignent dans la mer. ☑

(j) Il y a plein de monde qui joue au football sur la plage. ☐

(k) Marie-Thérèse, la première femme qui parle, mange une glace. ☐

(l) Nicole, la jeune femme blonde qui parle, porte des lunettes de soleil. ☑

(m) Il y a un club qui s'appelle le club des Dauphins. ☑

(n) Il y a des algues au bord de l'eau. ☑

(o) Vincent, le premier homme qui parle, porte un chapeau de soleil. ☐

(p) Le dernier homme qui parle porte un T-shirt rayé. ☐

Pour vous aider

beaucoup de monde   a lot of people

des gens   people

qui pêchent   who are fishing

qui font de la planche à voile   who are windsurfing

se bronzent   sunbathe

plein de monde   a lot of people (a relaxed, informal way of saying this)

se baignent dans la mer   swim in the sea

une glace   an ice cream

le club des Dauphins   the Dolphin Club (beach-based children's clubs often bear the names of sea creatures: *un dauphin* is a dolphin)

des algues   seaweed

porte   wears

rayé   striped

In the next *activité* you'll be able to check how much you can understand of the commentary and of the opinions of the people featured in the video sequence. At this stage, you'll probably find that quite a bit of what they say is difficult to understand. However, if you read the questions first and look at the vocabulary help we give you, you should be able to find most of the answers.

Activité 2
1 5   M I N U T E S
V I D E O

1   Read the following questions.

Lisez les questions suivantes.

(a) Quelle est la date des premiers congés payés en France?

1926   ❑

1936   ☑

1956   ❑

(b) Au début des années quatre-vingt-dix les Français ont combien de semaines de vacances?

Au moins cinq   ☑

Au moins six   ☑

Plus de six   ❑

(c) D'après Marie-Thérèse, quand est-ce que les enfants se baignent beaucoup?

Quand la mer est bonne.   ❑

Quand il ne fait pas de vent.   ❑

Quand il fait beau.   ☑

(d) Combien de personnes restent toute la journée au club et surveillent les enfants?

Dix   ❑

Deux   ☑

Douze   ❑

(e) Selon Nicole, comment sont les jeux d'enfants?

Ils sont un peu dangereux.   ❑

Ils sont très dangereux.   ❑

Ils sont très peu dangereux.   ☑

(f) Vincent et Étienne n'aiment pas tellement la plage. Dans la liste suivante trouvez les trois désavantages de cette plage selon les deux hommes.

Il fait trop chaud.   ❑

Il y a pas mal de mouches.   ☑

Il y a trop d'algues au bord de l'eau.   ☑

La mer est trop froide. ❏

Il y a trop de monde sur la plage. ❏

Il n'y a pas assez de distractions pour les enfants. ❏

Pour vous aider

congés payés paid holidays *(les premiers congés payés*: the first time paid holidays were granted to workers)

au moins at least

plus de more than

d'après according to

toute la journée the whole day

surveillent keep an eye on

selon according to

pas tellement not very much

pas mal de a lot of (a relaxed way of saying this)

trop de too many

pas assez de not enough

2   Watch the whole video sequence again (00:10–05:26) and tick the correct answer to each of the questions.

Regardez de nouveau la séquence vidéo puis cochez la bonne réponse à chaque question.

Expressing quantities

Have you noticed how the word *de* is used in expressions of quantity such as *trop de* (too much), *pas assez de* (not enough), *pas de* (no), *pas tellement de* (not very much), *pas mal de* (quite a lot of)? To refresh your memory about this (or to learn the rule if you haven't come across it before), consult the Grammar Book, pages 219–20. It would be a good idea to note down some of the examples given there in your dossier, and to add any others you come across from now on. Also make a note of the fact that *pas mal de* is used mainly in relaxed spoken French.

The next *activité* teaches you how to talk about the advantages and disadvantages of a seaside resort and provides examples of expressions of quantity used in context. It also gives you an idea of what French handwriting looks like: note in particular the difference between the French and the English 'r'.

Activité 3
10 MINUTES

1   Read Valérie's two postcards and underline the ten adjectives which show her enthusiasm about her holiday resort.

Lisez les deux cartes postales écrites par Valérie et soulignez les dix adjectifs qui montrent qu'elle aime beaucoup cette station balnéaire.

Chère Evelyne,

La plage est superbe, le soleil brille, il n'y a pas trop de vent, le paysage est magnifique. Le club pour les enfants est bien pratique! Je me bronze et Philippe pêche. C'est merveilleux!

    Toutes mes amitiés
        Valérie

Mademoiselle Evelyne Durmel
14 rue de la République
89190 St Benoît

Editions Robert Dunault

Chers Julien et Alice,

Le camping est très joli et la plage très très belle. Il fait beau, la mer est bonne et Pascale et Eric se baignent tous les jours. Il y a un club pour les petits aussi et les jeux ne sont pas dangereux. Les beignets et les glaces vendus sur la plage sont délicieux. Ce sont les vacances idéales! Bonjour à votre maman.
    Grosses Bises   Valérie

M et Mme Lefort
26 impasse Cardin
41023 Les Bordes

Editions Robert Dunault

Pour vous aider

pratique   convenient

toutes mes amitiés   all the very best

bonjour à   say hello to

grosses bises   lots of love (literally 'big kisses', used for family and very close friends only)

2   However, Valérie's husband Philippe doesn't like this beach very much and he's quite happy to be going home soon. Look at the picture opposite and then choose nine of the words and phrases from the box to fill in the postcard he wrote to one of his colleagues at work.

Le mari de Valérie n'est pas aussi enthousiaste. Choisissez dans l'encadré les neuf mots ou expressions qui manquent dans sa carte postale. Regardez l'illustration pour vous aider.

Cher Marc,

Ce sont nos derniers jours de vacances. Valérie et les enfants sont tristes, mais moi je suis vraiment content de rentrer à la maison ! Je n'aime pas tellement cette plage : il y a pas mal de mouches, trop de gens sur la plage, beaucoup trop de bruit (Oh là là, les enfants et les transistors !) et il n'y a pas assez de vent pour faire de la planche à voile. Et puis, il fait trop chaud : 36 degrés à l'ombre ! Ah, la climatisation au bureau !

À bientôt, Philippe

Editions Robert Dunault

Monsieur Laduret

7, rue Neuve

63180 Villiers-le-Petit

Pour vous aider

la climatisation   air conditioning

à bientôt   see you soon

> pas tellement, mécontent, algues, mouches, vent, de monde, fait, pas assez, glaces, gens, froid, bruit, dauphins, se bronzer, trop de, pas mal, chaud, différent, bronze, content

Writing an informal letter or postcard

When you're writing to someone it's important to use the right form of address and the appropriate closing formula. These vary according to the degree of formality required.

You probably already know how to start a letter or postcard to friends or family. You've just seen three examples and if your dictionary has a 'Language in Use' or 'Communicative Grammar' section you'll find some more examples there. Our earlier examples are repeated here, along with some others.

To a female friend or relative	*To a male friend or relative*
Chère Évelyne	**Cher** Marc
Chère Maman	**Cher** Papa
Chère Grand-mère	**Cher** Oncle Jean

To two (or more) female friends or relatives	*To two (or more) friends or relatives of whom one at least is male*
Chères Odile et Marie	**Chers** Julien et Alice
Chères Cousines	

As you can see, it's important to make sure that there is agreement between *cher* and the name or names that follow. We assume that you already know about agreement, but if you want to refresh your memory consult your Grammar Book, pages 36–9, for agreement with masculine and feminine nouns, and page 40 for agreement with plural nouns.

Postcards or letters can be ended in several ways. For example:

To acquaintances	*To family and friends*
Toutes mes amitiés	Bien affectueusement
Bien amicalement	Je t'embrasse/Je vous embrasse

To close family and friends	*To family and friends if you are going to see them soon*
Bons baisers	À bientôt!
Grosses bises	
Salut!	

And you can of course add a message to someone else:

Meilleurs souvenirs à/Bien des choses à (Kindest regards to)

Bonjour à (Say hello to)

It would be a good idea to start a section in your dossier devoted to letter writing in which you could record these and other examples.

By now you've probably formed your own opinion about the beach featured on the video. *Activité 4* gives you the chance to express this opinion in writing and to revise the expressions you've met so far in this section. You're also going to use the Book 1 Activities Cassette for the first time.

Activité 4

30 MINUTES

AUDIO 1

1   Copy out in your dossier the phrases you have seen in *Activités 1, 2* and *3* which describe:

(a) the advantages and disadvantages of a resort;

(b) people's positive and negative reactions to it.

Copiez dans votre dossier les expressions vues dans les Activités 1 à 3 qui décrivent, d'une part, les avantages et inconvénients d'une station balnéaire et, d'autre part, les réactions personnelles des gens.

Par exemple:

Avantages	*Inconvénients*
Le club pour les enfants est bien pratique.	Il y a plein de monde qui joue au football.
La mer est bonne.	Il fait beaucoup de vent.
Réaction positive	*Réaction négative*
C'est merveilleux!	Je n'aime pas tellement cette plage.

2   Play the first extract on your Activities Cassette. As you listen to the voices of the people on the beach, close your eyes and imagine you are among them, on holiday on the Côte d'Amour. Listen to the background sounds as well. Then write a postcard (about seventy-five words) to a friend and explain what you feel are the advantages and disadvantages of the resort. Use phrases from the lists you have just compiled (make sure

you use a few expressions of quantity) and choose the opening and ending which apply best to your relationship with this friend.

Écoutez le premier extrait sur votre Cassette d'activités. Imaginez que vous êtes en vacances sur la Côte d'Amour. Écrivez une carte postale d'environ soixante-quinze mots à un(e) ami(e) et expliquez les avantages et les inconvénients de votre station balnéaire.

1.2 Vous prenez toujours vos vacances en été?

JANVIER
1	L	JOUR DE L'AN
2	M	Basile
3	M	Geneviève
4	J	Odilon
5	V	Édouard
6	S	Mélaine
7	D	Épiphanie
8	L	Lucien Bapt. J-C
9	M	Alix
10	M	Guillaume
11	J	Paulin
12	V	Tatiana
13	S	Yvette
14	D	Nina
15	L	Rémi
16	M	Marcel
17	M	Roseline
18	J	Prisca
19	V	Marius
20	S	Sébastien
21	D	Agnès
22	L	Vincent
23	M	Barnard
24	M	Fr. de Sales
25	J	Conv. S. Paul
26	V	Paule
27	S	Angèle
28	D	Th. d'Aquin
29	L	Gildas
30	M	Martine
31	M	Marcelle

FEVRIER
1	J	Ella
2	V	Présentation
3	S	Blaise
4	D	Véronique
5	L	Agathe
6	M	Gaston
7	M	Eugénie
8	J	Jacqueline
9	V	Apolline
10	S	Arnaud
11	D	N.-D. Lourdes
12	L	Félix
13	M	Béatrice
14	M	Valentin
15	J	Claude
16	V	Julienne
17	S	Alexis
18	D	Bernadette
19	L	Gabin
20	M	Aimée
21	M	P. Damien
22	J	Isabelle
23	V	Lazare
24	S	Modeste
25	D	Roméo
26	L	Nestor
27	M	Mardi gras
28	M	Cendres

MARS
1	J	Aubin
2	V	Charles le B.
3	S	Guénolé
4	D	Carême
5	L	Olive
6	M	Colette
7	M	Félicité
8	J	Jean de D.
9	V	Françoise
10	S	Vivien
11	D	Rosine
12	L	Justine
13	M	Rodrigue
14	M	Mathilde
15	J	Louise de M.
16	V	Bénédicte
17	S	Patrice
18	D	Cyrille
19	L	Joseph
20	M	Printemps
21	M	Clémence
22	J	Léa
23	V	Victorien
24	S	Cath. de Su.
25	D	Annonciation
26	L	Larissa
27	M	Habib
28	M	Gontran
29	J	Gwladys
30	V	Amédée
31	S	Benjamin

AVRIL
1	D	Hugues
2	L	Sandrine
3	M	Richard
4	M	Isidore
5	J	Irène
6	V	Marcellin
7	S	J.-B. de la S.
8	D	Rameaux
9	L	Gautier
10	M	Fulbert
11	M	Stanislas
12	J	Jules
13	V	Ida
14	S	Maxime
15	D	PÂQUES
16	L	Benoît-J.
17	M	Anicet
18	M	Parfait
19	J	Emma
20	V	Odette
21	S	Anselme
22	D	Alexandre
23	L	Georges
24	M	Fidèle
25	M	Marc
26	J	Alida
27	V	Zita
28	S	Valérie
29	D	Souv. Déportés
30	L	Robert

MAI
1	M	F. DU TRAVAIL
2	M	Boris
3	J	Phil./Jacq.
4	V	Sylvain
5	S	Judith
6	D	Prudence
7	L	Gisèle
8	M	VICTOIRE 45
9	M	Pacôme
10	J	Solange
11	V	Estelle
12	S	Achille
13	D	F. J.-d'Arc
14	L	Matthias
15	M	Denise
16	M	Honoré
17	J	Pascal
18	V	Éric
19	S	Yves
20	D	Bernardin
21	L	Constantin
22	M	Émile
23	M	Didier
24	J	ASCENSION
25	V	Sophie
26	S	Bérenger
27	D	F. des Mères
28	L	Germain
29	M	Aymard
30	M	Ferdinand
31	J	Visitation

JUIN
1	V	Justin
2	S	Blandine
3	D	PENTECÔTE
4	L	Clotilde
5	M	Igor
6	M	Norbert
7	J	Gilbert
8	V	Médard
9	S	Diane
10	D	Landry, Trinité
11	L	Barnabé
12	M	Guy
13	M	Antoine de P.
14	J	Élisée
15	V	Germaine
16	S	J.F. Régis
17	D	F. Dieu, F. des Pères
18	L	Léonce
19	M	Romuald
20	M	Silvère
21	J	Été
22	V	Alban, s.c.
23	S	Audrey
24	D	Jean-Baptiste
25	L	Prosper
26	M	Anthelme
27	M	Fernand
28	J	Irénée
29	V	Pierre/Paul
30	S	Martial

JUILLET
1	D	Thierry
2	L	Martinien
3	M	Thomas
4	M	Florent
5	J	Antoine
6	V	Mariette
7	S	Raoul
8	D	Thibaut
9	L	Amandine
10	M	Ulrich
11	M	Benoît
12	J	Olivier
13	V	Henri, Joël
14	S	FÊTE NATIONALE
15	D	Donald
16	L	N.D. Mt-Carmel
17	M	Charlotte
18	M	Frédéric
19	J	Arsène
20	V	Marina
21	S	Victor
22	D	Marie-Mad.
23	L	Brigitte
24	M	Christine
25	M	Jacques
26	J	Anne, Joa.
27	V	Nathalie
28	S	Samson
29	D	Marthe
30	L	Juliette
31	M	Ignace de L.

AOUT
1	M	Alphonse
2	J	Julien-Ey.
3	V	Lydie
4	S	J.M. Vianney
5	D	Abel
6	L	Transfiguration
7	M	Gaétan
8	M	Dominique
9	J	Amour
10	V	Laurent
11	S	Claire
12	D	Clarisse
13	L	Hippolyte
14	M	Evrard
15	M	ASSOMPTION
16	J	Armel
17	V	Hyacinthe
18	S	Hélène
19	D	Jean Eudes
20	L	Bernard
21	M	Christophe
22	M	Fabrice
23	J	Rose de L.
24	V	Barthélemy
25	S	Louis
26	D	Natacha
27	L	Monique
28	M	Augustin
29	M	Sabine
30	J	Fiacre
31	V	Aristide

SEPTEMBRE
1	S	Gilles
2	D	Ingrid
3	L	Grégoire
4	M	Rosalie
5	M	Raïssa
6	J	Bertrand
7	V	Reine
8	S	Nativité N.D.
9	D	Alain
10	L	Inès
11	M	Adelphe
12	M	Apollinaire
13	J	Aimé
14	V	La Ste Croix
15	S	Roland
16	D	Edith
17	L	Renaud
18	M	Nadège
19	M	Émilie
20	J	Davy
21	V	Matthieu
22	S	Maurice
23	D	Automne
24	L	Thècle
25	M	Hermann
26	M	Côme, Dam.
27	J	Vinc. de P.
28	V	Venceslas
29	S	Michel
30	D	Jérôme

OCTOBRE
1	L	Th. de l'E.J.
2	M	Léger
3	M	Gérard
4	J	Fr. d'Ass.
5	V	Fleur
6	S	Bruno
7	D	Serge
8	L	Pélagie
9	M	Denis
10	M	Ghislain
11	J	Firmin
12	V	Wilfried
13	S	Géraud
14	D	Juste
15	L	Th. d'Avila
16	M	Edwige
17	M	Baudouin
18	J	Luc
19	V	René
20	S	Adeline
21	D	Céline
22	L	Élodie
23	M	Jean de C.
24	M	Florentin
25	J	Crépin
26	V	Dimitri
27	S	Émeline
28	D	Simon, Jude
29	L	Narcisse
30	M	Bienvenue
31	M	Quentin

NOVEMBRE
1	J	TOUSSAINT
2	V	Défunts
3	S	Hubert
4	D	Charles
5	L	Sylvie
6	M	Bertille
7	M	Carine
8	J	Geoffroy
9	V	Théodore
10	S	Léon
11	D	ARMISTICE 1918
12	L	Christian
13	M	Brice
14	M	Sidoine
15	J	Albert
16	V	Marguerite
17	S	Élisabeth
18	D	Aude
19	L	Tanguy
20	M	Edmond
21	M	Prés. Marie
22	J	Cécile
23	V	Clément
24	S	Flora
25	D	Cather. L.
26	L	Delphine
27	M	Séverin
28	M	Jacq. d.I.M.
29	J	Saturnin
30	V	André

DECEMBRE
1	S	Florence
2	D	Avent
3	L	Xavier
4	M	Barbara
5	M	Gérald
6	J	Nicolas
7	V	Ambroise
8	S	Im. Concept.
9	D	P. Fourier
10	L	Romaric
11	M	Daniel
12	M	Jeanne F.C.
13	J	Lucie
14	V	Odile
15	S	Ninon
16	D	Alice
17	L	Gaël
18	M	Gatien
19	M	Urbain
20	J	Abraham
21	V	Pierre C.
22	S	Hiver
23	D	Armand
24	L	Adèle
25	M	NOEL
26	M	Etienne
27	J	Jean
28	V	Innocents
29	S	David
30	D	Roger, Ste F.
31	L	Sylvestre

Le calendrier

In the second video sequence Véronique, *une boulangère* (a baker), Jacqueline, *une fleuriste* (a florist), and Colette, *une éclusière* (a canal lock-keeper) tell us when they take their holidays and explain why they do so.

Through listening to them you'll learn several expressions of time and how to state your reasons for taking a course of action.

In *Activité 5* you'll watch the video sequence to get the gist of what the three women say.

Activité 5

10 MINUTES

V I D E O

Watch the video sequence *Vous prenez toujours vos vacances en été?* (05:30–06:27) once or twice, then in English answer the following questions.

Regardez la séquence vidéo une ou deux fois puis répondez en anglais aux questions suivantes.

1   When do Véronique, Jacqueline and Colette go on holiday?

2   What reasons do they give to justify when they are going on holiday?

(It may help you to know that *la prune reine-claude* mentioned by Véronique is the greengage variety of plum which is available only around mid-July.)

Pour vous aider

la majeure partie de   most of

un roulement   a rota

Talking about months and seasons

Seasons

When asked about her holidays, Colette said:

Je les prends l'hiver.

To say which season something is in, use *en, le* or *au* as follows:

summer   en été *or* l'été
winter   en hiver *or* l'hiver
autumn   en automne
spring   au printemps

Le is not used with autumn and spring, except with *dernier* and *prochain*:

l'automne dernier
l'automne prochain
le printemps dernier
le printemps prochain

Months

When stating which month something happens in, you can put *en* before the name of the month:

Je prends mes vacances **en** mai.

Or you can use *au mois de*. For example, when asked when she takes her holiday, Jacqueline answers:

> Toujours **au mois d'**août.

La mi-... is used when talking about the middle of a month. Véronique explains:

> ... la prune reine-claude vient seulement vers **la mi**-juillet (around mid-July).

Stating a reason

Véronique, Jacqueline and Colette are all comfortable talking to the camera. Most of the phrases they use are examples of the slightly relaxed style which is appropriate to an informal conversation. During these exchanges they use a number of expressions that are useful ways of stating reasons for doing or not doing something:

Colette	[Je prends mes vacances l'hiver] **parce que je préfère**.
Véronique	Nous prenons le mois de juin parce que... juillet et août, **ça nous paraît impossible**.

If instead of talking about herself and her husband Véronique were just talking about herself, she would say *'ça **me** paraît impossible'*, literally 'it seems impossible to me'. Here are other examples of this construction:

> Partir au printemps, **ça me paraît une très bonne idée**: il y a moins de monde sur les plages.

> Partir le premier mai, **ça nous paraît difficile**: c'est la fête du Travail et il y a beaucoup moins de trains.

An easier way of giving a reason is to use *c'est* followed by a suitable adjective or phrase:

> c'est impossible, c'est difficile, c'est trop cher, c'est hors de question, c'est beaucoup moins cher, c'est plus pratique

Here are three more examples of dialogues where people give their reasons:

Juliette	Pourquoi est-ce que tu ne pars pas en vacances cette année?
Serge	C'est hors de question. J'ai trop de travail!
Matthieu	Pourquoi prenez-vous vos vacances au mois de juin?
Michelle	Parce que ça me paraît impossible au mois d'août. Il y a trop de monde sur les plages.
Évelyne	Vous préférez partir en juillet? Moi, je préfère mai.
Andrée	Juillet, c'est pratique. Les enfants sont en vacances.

Now back to your Activities Cassette. *Activité 6* is a simple exercise: you just have to repeat the examples given above in 'Talking about months and seasons' and 'Stating a reason'. Repetition helps you not only to acquire the correct pronunciation of these useful phrases, but also to memorize them.

Activité 6
1 0   M I N U T E S

A U D I O   2

Listen to Audio Extract 2 on your Activities Cassette and repeat the sentences in the gaps that have been left. (Consult the 'Using audio' section in the Study Guide if you are not sure how to proceed.) Make sure you do the exercise a few times until each phrase becomes quite familiar.

Écoutez et répétez les phrases de l'Extrait 2.

In the next *activité* you're going to practise the expressions you learned in 'Stating a reason'. Before you start working with the cassette, make sure you understand what you have to do (an example has been provided for you here and it is repeated on the cassette itself). Remember that you can pause or rewind the cassette as often as you need to.

Activité 7
1 0   M I N U T E S

A U D I O   3

Answer the questions in Audio Extract 3 of your Activities Cassette.
For example:

You are asked	Pourquoi est-ce que vous partez en vacances au printemps?
You hear	(Because you prefer to do so.)
You say	Parce que je préfère.

Répondez aux questions de l'Extrait 3 comme dans l'exemple.

1.3 *Partir ou pas?*

In addition to increasing your ability to use French, this course will make you more familiar with French culture.

The following passage gives you some more detailed information on holidays in France. You will be asked to read the text, then answer questions. It would be a good idea at this point to remind yourself of the reading strategies outlined in the 'Four skills' section of the Study Guide. If possible, apply the advice given there whenever you encounter a new reading text.

Activité 8
20 MINUTES

Lisez le texte puis répondez en anglais aux questions.

Pour les Français, 1936 est une date clef. En effet, cette année-là les socialistes gagnent les élections pour la première fois. Léon Blum, le leader socialiste, devient le Premier ministre du gouvernement du front populaire. Pendant cette période très agitée, le front populaire réussit à améliorer la condition des ouvriers. Les salariés en France ont droit aux congés payés pour la première fois.

La date des vacances scolaires varie selon les régions. Cela évite les départs et les retours en masse, qui congestionnent les routes. Malgré tout, le quinze août (l'Assomption, une fête d'origine catholique) est encore le jour de l'année où il y a, hélas, le plus d'accidents sur les routes en France. En effet, beaucoup de gens 'font le pont' et partent ou reviennent ce jour-là.

Pendant tout le mois d'août les grandes villes françaises semblent désertes. Il ne faut pas oublier cependant que 46% des Français ne partent pas en vacances. À cause de la montée du chômage, de nombreuses familles n'ont pas assez d'argent. Et c'est pour des raisons professionnelles que les agriculteurs ou les commerçants ont des difficultés à prendre des vacances.

La majeure partie des Français choisissent les vacances traditionnelles: plage, soleil et mer. Mais ils y passent moins de temps qu'autrefois, sans doute parce que leur budget est influencé par les problèmes économiques de ces dernières années.

Certains recherchent des vacances plus 'intelligentes' ou actives: ils font donc des stages culturels, par exemple de musique ou de photographie, ou apprennent à pratiquer un sport.

Pour vous aider

une date clef a key date (*une clef* is a key)

gagnent win

devient becomes

réussit à manages to

améliorer to improve

les salariés wage-earners

ont droit à are entitled to

évite avoids

malgré tout all the same

font le pont have a long weekend (If a bank holiday falls on a Thursday people usually take the Friday off as well. This is called *un pont*, a bridge (over the Friday). The same would happen between Sunday and Tuesday if the holiday fell on that day.)

> *cependant*   however
>
> *à cause de*   because of
>
> *la montée du chômage*   the rise in unemployment
>
> *autrefois*   in the past
>
> *sans doute*   probably
>
> *certains*   some
>
> *des stages culturels*   activity holidays with a cultural content *(un stage* is a course or a series of workshops, usually residential)

Questions

1   What happened for the first time in France in 1936?

2   Who was the leader of the Popular Front government?

3   What were wage-earners entitled to for the first time?

4   What is supposed to stop great numbers of people leaving for their holidays on the same date?

5   Why is August 15 still one of the worst days for road accidents?

6   What two reasons are given to explain why some people don't take holidays?

7   Are people taking longer or shorter holidays than in the past?

8   What new type of holiday are some people now taking?

Making use of your study time

If you have the time available and want to take stock of what you have done in the last *activité* or in the section so far, apply some of the advice given under the 'Being active' heading in the 'How to learn' section of the Study Guide for reviewing your work.

Are you about to go on a car journey? Do the ironing? Then use this 'low-grade' time to listen to the Feature Cassette. The section on summer includes people talking about holidays and traffic, and there is an evocative description of summer in Provence from *Lettres de mon moulin* by Alphonse Daudet. Remember you are not meant to understand everything – just to get used to the rhythm and sounds of French.

1.4 À l'étranger

Statistics show that holidays abroad (*à l'étranger*) seem to attract the French less than other Europeans. Living in a country with a pleasant climate and beautiful scenery, they perhaps feel that they have fewer reasons to travel abroad than those living in the colder countries to the north.

The first *activité* in the topic helps you revise names of countries and numbers and gives you some data on where and why the French travel abroad. You'll also work on your pronunciation of numbers and percentages.

Activité 9
20 MINUTES

AUDIO 4

1 Look at the diagram below, then listen to the audio extract (as many times as you like) and fill in the figures that are missing from the diagram. Note that in French a decimal is indicated by a comma (*une virgule*) instead of the decimal point that is used in English. For example, 0.8% is *zéro virgule huit pour cent* (0,8%). If you find it difficult to understand the recording, read the transcript below as you listen. If you're unsure of some of the numbers, keep your Grammar Book open at page 214 while you're doing this *activité*.

Regardez la figure ci-dessous. Écoutez la bande et écrivez les pourcentages dans les rectangles vides.

en %			en %
6 5	Îles Britanniques	Pays-Bas	2.8
0 6	Canada	Scandinavie	0,8
1 9	États-Unis	Belgique	11.9
0,6	Amérique du Sud et Centrale	Allemagne	12 4
0,8	Non déclaré	Europe Orientale	3,3
23.5	Péninsule Ibérique	Autriche	1,8
3,4	Afrique (hors Maghreb)	Suisse	10,4
5,9	Maghreb	Asie et Océanie	2,2
10,4	Italie	Grèce	1.3

Vacances à l'étranger

Les dernières statistiques indiquent que les Français passent moins leurs vacances à l'étranger que les autres Européens. En effet, 88% des vacanciers français restent en France.

Les destinations étrangères les plus fréquentées par les Français sont l'Espagne et le Portugal qui représentent ?% des départs. L'attraction principale est évidemment le soleil. L'Allemagne, qui reçoit ?% des vanciers, la Belgique, ?%, la Suisse et l'Italie, chacune accueillant ?% des départs, constituent d'autres destinations importantes.

Les îles Britanniques, ?%, les Pays-Bas, ?%, et la Grèce qui représente ?%, sont moins recherchés. Le voyage vers des destinations plus lointaines est, bien sûr, beaucoup plus cher et par conséquent, les États-Unis n'attirent que ?% et le Canada seulement ?% des Français partant à l'étranger.

2   After checking your answers in the *Corrigés*, play the extract again and try to mouth the words as you are listening to the tape. Alternatively, you could speak them out loud if you feel confident.

Après avoir vérifié vos réponses, écoutez de nouveau la bande et essayez de lire le texte en même temps pour travailler votre prononciation.

Activité 10
5   MINUTES

1   Read the second and third paragraphs of the text *Vacances à l'étranger* and underline the word preceding the name of each country.

Lisez les deuxième et troisième paragraphes du texte et soulignez le mot qui précède le nom de chaque pays.

2   What do you notice about the way names of countries are introduced in French?

Qu'est-ce qui est différent dans la façon d'annoncer le nom des pays en anglais et en français?

Masculine and feminine countries

When you're trying to work out the gender of a country in French, it helps to remember that most countries are feminine and end in *-e*, for example *la France, l'Algérie*. Only a few countries are masculine. One example is *les États-Unis*, which is masculine because the noun *état* (state) is masculine. *Pays* is also a masculine noun and this explains the gender of the names for Wales, *le pays de Galles,* and the Netherlands, *les Pays-Bas*.

The quiz which follows will help you learn the names of some other masculine countries.

Activité 11
10   MINUTES

Which are the countries described below? Give your answers in French and remember to use *le* before the name of the country.

Quel est le nom des pays décrits ci-dessous?

1   C'est un pays oriental composé de beaucoup d'îles. Sa capitale est Tokyo.

2   C'est un pays d'Amérique, au nord des États-Unis et à l'est de l'Alaska.

3   Ce pays se trouve à l'ouest de l'Algérie et au sud de l'Espagne.

4   Il fait partie de la péninsule ibérique, mais ce n'est ni Gibraltar, ni l'Espagne.

5   Dans le port de la capitale de ce pays européen, Copenhague, on peut voir une statue de la Petite Sirène.

Using 'en', 'au' and 'aux' with the names of countries

Earlier we discussed using the prepositions *en* and *au* with dates. These prepositions are also used with place names. You probably know that *à* is used with towns in French to translate 'in' or 'to':

> Je vais **à** Londres. Il habite **à** Édimbourg.

With countries, however, French uses *en* or *au/aux*. Look at the sentences below. Bearing in mind what you've just been working on, what governs the choice of *en* or *au/aux*?

> Beaucoup de Français vont **en** Espagne et **en** Suisse pour leurs vacances. Très peu vont **au** Canada ou **aux** États-Unis.

The rule is as follows:

- Use *en* with a feminine country name:

  > en Irlande, en Écosse, en Belgique, en Russie, en Égypte

- If the name of the country is masculine singular and begins with a vowel, you should also use *en*:

  > en Afghanistan, en Iran, en Uruguay

- With a masculine singular name beginning with a consonant, use *au*:

  > au Canada, au Japon, au Danemark

- Finally, if the name is masculine plural, always use *aux*:

  > aux États-Unis, aux Pays-Bas

Au and *aux* are combinations of *à* and *le* or *les*. We assume that you already know how to combine them, but if you need to refresh your memory, consult your Grammar Book, page 15 paragraph 2a, and page 17 paragraph 3b.

In the next *activité* you'll practise using *en, au* and *aux* with geographical names.

Activité 12

10 MINUTES

Complete the following sentences by writing in the missing word.

Complétez les phrases suivantes.

1   J'habite __*en*__ Écosse, près d'Édimbourg.

2   Tu restes __*en*__ France cet été? Tu ne vas pas à l'étranger?

3   Je suis __*en*__ Allemagne la semaine prochaine pour mon travail.

4   Nous allons __*en*__ Suisse en février.

5   J'habite __*en*__ Angleterre, juste au sud de Londres.

6   Il va __*au*__ Portugal pour Pâques.

7   Nous habitons __*en*__ Irlande, près de Dublin.

8   Elles sont __*aux*__ États-Unis en ce moment.

9   Il ne part pas. Il reste __*au*__pays de Galles pour les vacances.

10 Au printemps, je vais __*au*__ Maroc.

Liaisons

If the word following *en* begins with a vowel, the 'n' of *en* is pronounced and runs into this next word, as in *en Irlande* [ãniʀlãd]. A sound linking two words in this way is called a liaison.

A similar thing happens with the pronunciation of *aux États-Unis*, where 'x' and 's' are pronounced [z] before a vowel:

aux États-Unis

[z]   [z]

So, *aux États-Unis* is pronounced [ozetazyni].

You will practise recognizing and pronouncing these liaisons in the next *activité*, which should also help you memorize the use of *en* and *au/aux* with countries.

Activité 13

10 MINUTES

AUDIO 5

1   Listen to the first part of the audio extract, which contains a recording of the sentences in *Activité 12*. When a liaison occurs after *en* and *aux* underline it in the *corrigé* for *Activité 12*.

Écoutez la bande et soulignez dans le corrigé de l'Activité 12 les liaisons que vous entendez après 'en' et 'aux'.

2   In the second part of Audio Extract 5 you will hear the same sentences again. Repeat each one, taking care to pronounce the liaisons correctly, then record yourself (see the 'Using audio' section in the Study Guide). Compare your recording with ours.

Réécoutez la bande et répétez chaque phrase. Faites bien les liaisons. Enregistrez votre voix sur cassette et comparez votre prononciation avec l'original.

We have nearly come to the end of Section 1. The last two a*ctivités* give you an opportunity to practise talking about yourself and to use what you have learned in this section.

Activité 14
1 5   M I N U T E S

Now it's your turn to write about yourself and your family/friends and to say (in about forty words) where and when you normally go on holiday and why. (If you don't normally manage to take holidays, imagine what you'd like to do and write about it as if it were true.) The three questions below should help you do this. Use as much as you can of what you have learned so far. For example, for (1) use what you practised in *Activité 12,* for (2) use what you learned under the heading 'Talking about months and seasons' and for (3) follow any of the patterns you practised in *Activités 6* and 7.

Répondez en français et par écrit aux trois questions suivantes.

1   Où allez-vous en vacances d'habitude?

2   Quand prenez-vous vos vacances généralement?

3   Expliquez vos raisons.

Activité 15
1 0   M I N U T E S

A U D I O   6

This time you're going to talk about what you're doing this year. Listen to the extract and answer the questions.

Écoutez l'extrait et répondez aux questions.

- Où allez-vous en vacances cette année?

- Et quand prenez-vous vos vacances?

- Pourquoi?

When you've finished a section, it's always a good idea to watch right the way through the video sequences you've been working on. This should help consolidate what you have learned. It's also very useful, whenever you have an opportunity, to listen to the audio extracts again and to do the exercises without the help of the book. Remember that the Study Guide helps you to organize yourself if you wish to review some or all of the materials already covered.

Faites le bilan

When you have finished this section of the book, you should be able to:

*   State some of the advantages and disadvantages of a summer resort (*Activités 3* and *4*).

*   Use the following expressions of quantity: *trop de, beaucoup de, assez de, plein de, pas mal de, pas tellement de* + noun (*Activités 3* and *4*).

*   Use the correct form of address and closing formula when writing an informal letter or postcard (*Activité 4*).

*   State reasons for a choice (*Activités 7, 14* and *15*).

*   Use the correct article *le, la* or *les* before names of countries (*Activités 10* and *11*).

*   Use the prepositions *en, au* and *aux* appropriately before names of countries (*Activités 12, 14* and *15*).

*   Use *en, au, l'* and *la mi-* correctly before names of months and seasons (*Activités 14* and *15*).

*   Pronounce the liaison between *en* and *aux* and the name of a country (*Activité 13*).

Vocabulaire à retenir

1.1 Sur la Côte d'Amour

il fait beau	porter des lunettes de soleil
pêcher	porter un T-shirt/un chapeau
faire de la planche à voile	au bord de l'eau
jouer au volley	les congés payés
se bronzer	au moins
au soleil	d'après elle/selon elle
se baigner	la mer est bonne
il y a plein de monde/de soleil	il fait du vent/il ne fait pas de vent

il fait trop chaud

une distraction

pratique

merveilleux, -euse

délicieux, -euse

la climatisation

32/34/36 degrés à l'ombre

toutes mes amitiés

bien amicalement

bien affectueusement

je t'embrasse/je vous embrasse

bons baisers

grosses bises

salut

à bientôt

meilleurs souvenirs à

bien des choses à

bonjour à

1.2 Vous prenez toujours vos vacances en été?

prendre ses vacances

la majeure partie des Français/des gens

une semaine de/un mois de vacances

douze jours de vacances

1.3 Partir ou pas?

réussir à faire quelque chose — *succeed*

améliorer

un ouvrier, une ouvrière *labourer*

un salarié, une salariée *wage earner*

avoir droit à

éviter — *avoid*

un départ

un retour

malgré tout

faire le pont

cependant — *however*

autrefois

un stage

1.4 À l'étranger

partir à l'étranger

rester en France

un vacancier, une vacancière

au nord/au sud de

à l'ouest/à l'est de

2 Le quatorze juillet

STUDY CHART

	Topic	Activity/timing	Audio/video	Key points
1 hr 40 mins	2.1 Le programme des festivités	16 (5 mins)	Audio	Vocabulary: *la fête nationale*
		17 (2 mins)	Audio	Understanding questions
		18 (2 mins)	Audio	Asking questions
		19 (5 mins)	Audio	
		20 (2 mins)	Audio	
		21 (15 mins)	Audio	
		22 (15 mins)	Audio	
		23 (5 mins)	Audio	Stating large numbers
		24 (10 mins)		Using question words
1 hr 35 mins	2.2 La Légion d'honneur	25 (10 mins)		Vocabulary: occupations
		26 (20 mins)	Audio	Recognizing and using the perfect tense of common irregular verbs
		27 (20 mins)		Asking questions about the past
2 hrs 40 mins	2.3 La fête	28 (10 mins)	Video	Practising visual observation
		29 (25 mins)	Video	Vocabulary: people's appearance
		30 (5 mins)		Using numbers ending in *-aine*
		31 (10 mins)	Video	Understanding spoken intentions
		32 (30 mins)	Audio	Expressing intentions; using *on*
		33 (5 mins)	Video	Origins of *fête nationale*
		34 (10 mins)	Audio	The July 14 parade
		35 (10 mins)	Video	Testing your visual memory
		36 (10 mins)		Section revision
		37 (20 mins)		

*L*e quatorze juillet is France's national day and is celebrated in a variety of events large and small across the country. In this section you will hear first from the mayor of a small town who explains what some of these events are. *Le quatorze juillet* is also the day on which France honours some of its leading citizens by awarding them the *Légion d'honneur*. You will read an article from the newspaper *Le Figaro* about a typical honours list and consider what this honour represents to the French. Finally, a variety of people explain how they're going to celebrate *le quatorze juillet* and what the day means to them.

As you work on these topics, you will learn how to describe people, how to ask for information, how to talk about past events and how to express intentions.

Vitrine de confiseur décorée pour le quatorze juillet

2.1 Le programme des festivités

July 14, the French national holiday, commemorates the storming of the Bastille, in 1789. The rioters' victory, at the end of a day-long siege, marked the beginning of the Revolution.

July 14 was declared the French national holiday in 1880. Every year since then town councils all over France have organized festivities to mark the occasion. M. Thibault, the mayor of a small town called Le Lion d'Angers to the north-east of Nantes, talked to our interviewer Jackie about the programme for the day.

This is the first 'authentic' interview on your Activities Cassette, so we shall give you some help with the difficult parts. The aim of *Activité 16* is for you to gain a general understanding of what is being said. Pay attention to the questions that are being asked. You will be working on them next.

Activité 16

5   MINUTES

AUDIO 7

Read the vocabulary below, then listen to the audio extract once to see how much you understand of the general sense of the conversation.

Lisez le vocabulaire ci-dessous puis écoutez une fois l'Extrait 7 pour voir si vous comprenez le sens général de la conversation.

Pour vous aider

une manifestation patriotique   a patriotic parade (of town officials, soldiers, fire-fighters, etc., probably followed by a salute to the flag); *une manifestation* usually means 'a demonstration'

un défilé   a parade (any kind)

retraite aux flambeaux   torch-lit procession

des bougies   candles

des fanions   pennants

des petits drapeaux   small flags

nous nous retrouvons   we meet again

tirer le feu d'artifice   to set off the fireworks

se termine   ends

We'll come back later to work on a more detailed comprehension of this passage, but first we're going to concentrate on different ways of asking questions.

Activité 17

2   MINUTES

AUDIO 8

1   At the beginning of the interview Jackie asked the mayor three questions in succession. Can you remember what these questions were?

Au début de l'interview, Jackie pose trois questions au maire. Vous rappelez-vous ces questions?

2   The questions are repeated in Audio Extract 8. Listen carefully a few times to the way the questions are formulated.

Les trois questions de Jackie sont répétées dans l'Extrait 8. Réécoutez-les et remarquez le style de question utilisé.

Three different ways to ask questions

As you work through the audio and video recordings in this course, you'll hear questions asked in a variety of ways. Among those you'll hear most frequently are the two question types which Jackie uses at the beginning of his conversation with M. Thibault and the one which was used by the interviewer on the beach at Batz-sur-Mer.

1 Question word with subject–verb inversion

Question word	verb + subject	object
Comment	fête-t-on	le quatorze juillet?

This is an example of subject–verb inversion, that is the order of the subject and verb is swapped. It is the most formal way of asking a question in French. Note that the 't' has no particular meaning here and is only needed to avoid having the [ə] sound immediately followed by a vowel. So, you would write *fête-t-on*, not *fête-on*. This is a general rule for questions. For example, you would say *'Où passez-vous vos vacances?'* but *'Où passe-t-il ses vacances?'*

2 Question word and no subject–verb inversion

For his last two questions ('How is it organized?' and 'What time does it start?') Jackie used a statement form.

Question word	optional	subject + verb
Comment	est-ce que	ça se passe?

Subject and verb		question word	
Ça commence	à	quelle	heure?

This type of question is used mainly in speech and sounds more relaxed than using subject–verb inversion.

3 'Qu'est-ce que' and no subject–verb inversion

We saw three examples of a slightly different construction in Section 1, when Étienne was asked questions about the beach:

> Qu'est-ce que vous cherchez?

> Qu'est-ce qu'il vous faut?

> Qu'est-ce que vous préférez?

The easiest way to remember how to pronounce the beginning of these questions is to think of *qu'est-ce que* as a single block of sound, [kɛskə], and *qu'est-ce qu'* as [kɛsk].

Activité 18

2 MINUTES

AUDIO 9

This audio extract contains three more examples of the second type of question form. Listen to them a few times, then repeat them, imitating the pronunciation and intonation as best you can.

Écoutez et répétez les exemples de l'Extrait 9. Attention à l'intonation.

> *Comment ça va, aujourd'hui? Comment est-ce que ça va, aujourd'hui?*
> How are things today?
>
> *Comment ça marche? Comment est-ce que ça marche?*
> How does this work?
>
> *Pourquoi tu y vas? Pourquoi est-ce que tu y vas?*
> Why are you going there?

Activité 19
5   MINUTES

AUDIO 10

1   Now listen to Audio Extract 10, which repeats Jackie's last question to M. Thibault and gives you three more examples of this way of asking questions.

Écoutez maintenant l'Extrait 10 qui répète la dernière question de Jackie et qui vous donne trois nouveaux exemples de ce style de question.

2   Change the following sentences so that they have the same word order as the examples you've just listened to.

Changez les exemples ci-dessous pour obtenir la même structure que celle des exemples entendus.

(a) Comment est-ce que ça marche?

(b) Comment est-ce que ça se passe?

(c) Pourquoi est-ce que tu y vas?

Activité 20
2   MINUTES

AUDIO 11

Listen to Jackie's three questions again. Then try to say them with him, imitating his intonation as best you can.

Réécoutez les trois questions et répétez-les en même temps que notre intervieweur.

The day before the interview we talked to M. Thibault's secretary on the telephone and gave her an idea of the questions we might be asking the mayor. They are listed in *Activité 21* and are good examples of a relaxed way of asking questions.

Activité 21
15   MINUTES

AUDIO 12

1   Read the following questions and make sure you understand them (a translation is provided in the *corrigé*). Underline the question words. What do you notice about their position?

Lisez les questions suivantes. Remarquez que chacune contient une expression qui pose la question. Soulignez cette expression.

(a)   La manifestation patriotique a lieu où et quand?

(b)   Et le défilé, ça se passe à quelle heure?

(c)   Pourquoi est-ce que le défilé des enfants s'appelle une 'retraite aux flambeaux'?

(d)   Et quand est-ce qu'on tire le feu d'artifice?

(e)   Le bal public, ça a lieu à quel moment?

(f)   Et ça se termine quand?

Pour vous aider

a lieu   takes place

2   Now listen to these questions on Audio Extract 12. Repeat them, paying particular attention to the intonation of questions (a), (d) and (f).

Écoutez les questions de l'Extrait 12 et répétez-les pour travailler votre intonation.

In the next audio extract you will again hear the mayor explaining the day's programme. You're now going to work on the passage in more detail.

Activité 22
1 5   MINUTES

A U D I O   1 3

Listen to what M. Thibault says. Pause the tape every time you hear a piece of information answering one of the questions listed in *Activité 21*. Jot down each piece of information in French.

Écoutez le maire et notez les informations qui répondent aux questions de l'Activité 21.

The two men then discuss how many people celebrated July 14 on the streets of Le Lion d'Angers the year before. You will work on question forms again and then on listening comprehension. Do you remember how we described a crowded beach in Section 1? You will hear the phrase used again several times.

Activité 23
5   MINUTES

A U D I O   1 4

1   Listen to Jackie's opening question. How does he say 'Are there lots of people in the streets on July 14?' Note it down.

Écoutez la question posée au maire et notez-la.

2 Listen to M. Thibault's answer and decide which one of the statements below is correct.

Écoutez la réponse du maire. Choisissez parmi les phrases suivantes celle qui la résume bien.

(a) L'an dernier il y avait entre deux mille cinq cents et trois mille personnes dans les rues.

(b) L'an dernier il y avait au moins deux mille à deux mille cinq cents personnes dans les rues.

(c) L'an dernier il y avait plus de trois mille personnes dans les rues.

Pour vous aider

il y avait   there were

toute la ville est dehors   the whole town is out (i.e. to watch the fireworks)

Stating large numbers

The previous *activité* contained examples of numbers using the word *mille* (1000). Note that *mille* never takes an 's':

six mille francs

la page trois mille

deux mille trois cents personnes

As the last example shows, there is no *et* between the thousands and the hundreds, unlike in English.

In the next *activité* you'll practise focusing on a particular detail when asking questions.

Activité 24
1 0   M I N U T E S

What questions were asked to obtain the following answers? There are three possible word orders for each question. Use the one you feel most comfortable with. To help you, the part of the answer your question should focus on is in bold type.

Trouvez les questions qui correspondent aux réponses suivantes.

1 _____

_____ ?

Nous prenons nos vacances **vers la mi-août**.

2 _____

   _____ ?

   En général, les Français passent leurs vacances **à la plage**.

3 _____ ?

   Il va au Danemark **en avion**.

2.2 La Légion d'honneur

In 1802 Napoleon created *l'Ordre de la Légion d'honneur*, to reward those who distinguish themselves by exceptional merit or by services rendered to the state. There are three levels of award: *chevalier*, *officier* and *commandeur*, the highest. You hear people say, with a certain amount of admiration: *'Elle a (or il a) la Légion d'honneur.'* Every July 14 the *Journal officiel*, the French equivalent of Hansard, publishes the names of those who have been chosen. As you will see, famous people from a variety of fields have been awarded the honour.

Through working on an extract from *Le Figaro*, you will revise, or learn, words describing various occupations.

Légion d'honneur

Promotion riche en personnalités

Le *Journal officiel* a publié, hier, la traditionnelle promotion du 14 Juillet dans l'Ordre de la Légion d'honneur. Parmi les personnalités promues, on relève en particulier les noms du photographe Robert Doisneau, de l'acteur Jean-Pierre Marielle, du chanteur Michel Sardou, mais aussi ceux de Jacqueline Auriol, ancien pilote d'essai, de Jean Martre, PDG d'Aerospatiale, et de Serge Dassault, PDG de la société Dassault.

Parmi les nouveaux chevaliers figurent Jean-Louis Bruguière, premier juge d'instruction au tribunal de Paris, Henri Nallet, ancien garde des Sceaux, Michèle Cotta, directrice de l'information de TF 1, et Philippe Marchand, ancien ministre de l'Intérieur.

A noter que l'abbé Pierre, promu grand officier, a annoncé hier qu'il « *cessait de porter* » cette distinction pour protester contre le sort réservé aux sans-abri.

(*Le Figaro*, 15 juillet 1992)

Pour vous aider

ancien   former (always before the noun in this sense)

Activité 25
10 MINUTES

Here is a list of nine occupations. See if you can find their French equivalents in the first two paragraphs of the *Figaro* article on page 33, where they are mentioned in a different order. Many of them are easy to recognize; others you will have to deduce.

Trouvez dans les deux premiers paragraphes de l'article l'équivalent de ces professions en français.

1 Judge
2 Head of news and current affairs (TV)
3 Actor
4 Singer
5 Test pilot

6 Photographer
7 Former Home Secretary
8 Former Minister of Justice
9 Chair and managing director

You will come back to the world of work in Book 2 of *Cadences*. In the meantime, you could start listing in your dossier some of the occupations you have encountered so far under the heading *'Professions'*.

The perfect tense: 'avoir' + past participle

In most of your conversational or written exchanges with French-speaking people you are likely to need to use the tenses of the past, especially if you are dealing with the sorts of topic discussed in this book – the year, past festivals and past events. Here we make a start with one of the two most commonly used past tenses. The other one will be discussed in Section 3.

In the article from *Le Figaro* which you've just read there are two examples of the perfect tense, used to describe completed actions or events. The perfect tense is widely used in French to talk about the past. Here we concentrate on how to recognize it and how to form it. You'll learn more about when to use it in Book 3 of *Cadences*.

How to recognize the perfect

Look at the two examples from *Le Figaro*.

	Verb 'avoir' conjugated	*Past participle*	
Le Journal officiel	a	publié	hier la promotion du quatorze juillet.
L'abbé Pierre	a	annoncé	hier qu'il…

Yesterday the *Journal officiel* **published** the list of people promoted.

Yesterday Abbé Pierre **announced** that he…

There are two parts to the perfect tense, which is why its name in French is the *passé composé*, or compound past. In the examples above, the first part is the verb *avoir*. (With some verbs *être* is used instead of *avoir*, but in this book you will be using *avoir* only.) The second part of the perfect tense is the past participle. This is needed whether the verb takes *avoir* or *être*.

How to form the past participles of regular verbs

The rules for forming the past participles of regular verbs are set out below.

Verbs ending in -er		Verbs ending in -ir		Verbs ending in -re	
infinitive	past participle	infinitive	past participle	infinitive	past participle
publier	publié	finir	fini	répondre	répondu

How to form the past participles of irregular verbs

Unfortunately, there is no easy rule for forming the past participles of the majority of very common verbs, most of which are irregular. Here are examples with five of these verbs: *prendre, faire, être, avoir* and *apprendre*. Notice the two possible ways the French *passé composé* can be translated into English.

> *Le quatorze juillet c'est le jour où les Parisiens **ont pris** la Bastille.*
> July 14 is the day when the Parisians **stormed** the Bastille (literally 'took the Bastille').

> *Qu'est-ce que vous **avez fait** hier soir?*
> What **did** you **do** last night?

> *J'ai été journaliste au Japon.*
> I **was** a journalist in Japan.

> *J'ai **appris** leur accident. J'ai **eu** très peur et puis j'ai **eu** un coup de téléphone. Ils vont mieux maintenant.*
> I **heard** they had an accident. I **was** quite scared and then I **had** a phone call. They're all right now.

Make sure that you learn the perfect form of these five common irregular verbs: *prendre, faire, être, avoir* and *apprendre*. Test yourself regularly.

It would be a good idea at this point to start a new section in your dossier for the perfect tense and, whenever you come across an example of a new *passé composé*, to note it down. Write out the whole phrase or sentence it appears in, as it is easier to remember something in context. It will also help your visual memory if you could group examples by past participle endings. For example, you could have one page for each of the following:

Past participle ending in -is

mis (mettre), pris (prendre), compris (comprendre), appris (apprendre)

Past participle ending in -u

voulu (vouloir), prévu (prévoir), reçu (recevoir), aperçu (apercevoir), entendu (entendre)

Past participle ending in -it

dit (dire), écrit (écrire), traduit (traduire), construit (construire), fait (faire)

Past participle ending in -ert

ouvert (ouvrir), découvert (découvrir), offert (offrir), souffert (souffrir)

Note that *plu* is the past participle of both *pleuvoir* (to rain) and *plaire* (to please). *Plaire* is much more commonly used than *aimer* when enquiring whether someone enjoys something. Don't worry about understanding the construction at this stage; just learn these very useful phrases:

> *Ça vous a plu?*
> Did you like it?/Did you enjoy it?
>
> *Oui, ça m'a beaucoup plu.*
> Yes, I enjoyed it a lot./I loved it.

The next *activité* shows you how to invent short dialogues using past participles with the same ending. The fact that the past participles rhyme could help your aural memory. In this dialogue we have grouped past participles which are all monosyllabic and all end in -u.

Activité 26
20 MINUTES

AUDIO 15

1   Here is a conversation overheard the day after the July 14 celebrations. Translate it into English (to help you, we have provided a jumbled-up list of the infinitives of the verbs).

Voici un dialogue entendu le lendemain du quatorze juillet. Traduisez-le en anglais (nous vous avons donné la liste, dans le désordre, des sept verbes à l'infinitif).

– **Vous avez vu** le feu d'artifice?

– Non, **j'ai dû** rester avec les enfants à la maison. Alors, **j'ai lu**. Et vous, le bal public, **ça vous a plu**?

– Énormément, mais **je n'ai pas pu** danser longtemps parce que **j'ai trop bu**! Et puis, vers une heure du matin **il a plu**!

> boire, devoir, lire, plaire, pleuvoir, pouvoir, voir

2   Now listen a few times to this conversation in Audio Extract 15 and try to learn it by heart. Repeat it out loud a few times. (To pronounce the [y] in *plu*, *vu*, etc. correctly, your lips should be drawn together in a tight circle, as if you were whistling. If necessary, refer to the Phonetics Cassette for help with these sounds.) Record yourself, then compare your recording with that on the Activities Cassette.

Écoutez ce dialogue sur la cassette. Apprenez-le par cœur. Répétez-le à haute voix. Prononcez bien distinctement le [y] des participes passés. Enregistrez-vous et comparez.

And now here's a short translation into French. It will help you to check your ability to form the perfect tense and to ask questions.

Activité 27

20 MINUTES

Translate the following sentences into French. When you're translating a question, give the three possible forms.

Traduisez les phrases suivantes en français. Pour une question, donnez les trois formes possibles.

1   When was she awarded the Légion d'honneur?

2   Did he refuse the decoration?

3   Did you open the windows this morning? Now it's too cold here!

4   Did you hear what I said? Pierre has had to go to Morocco for his job (translate 'what' by *ce que*).

5   Did you learn German (*l'allemand*) to go to Germany?

6   – When did you write to your cousins?
    – Towards the middle of June, but they haven't answered.

7   Last year she had loads of problems with her back. Did she suffer a lot?

8   – Have you had news from your parents?
    – I received a letter yesterday.

2.3 La fête

You may remember M. Thibault talking about the day's programme in Le Lion d'Angers. But what are other people planning to do? Will they all enjoy *la fête* or do some of them have good reasons for not getting involved in the celebrations? And what exactly does the average French person celebrate on July 14? The answers to these questions are given in the video sequence which you are going to study now.

When learning a language, it's important to be aware of visual clues. They help you understand the context: for example, a shrug of the shoulders may indicate indifference or resignation even if the words seem neutral. They also help your visual memory: you'll probably remember words and phrases better if you associate them with images. So, we begin with an exercise in visual concentration.

Activité 28

7 MINUTES

VIDEO

Watch the whole *La fête* video sequence (06:30–11:46). This is a long sequence, but just enjoy it for the moment. Look at people's faces and watch what is going on around them. Don't try to understand what is being said and be patient: the words which people use on the video will gradually become clearer to you as you work through the *activités* in this topic.

Regardez la séquence vidéo 'La fête'. Concentrez-vous en particulier sur les images.

Activité 29
25 MINUTES

VIDEO

1 In the left-hand column in the table below you will find a list of statements describing the people you've just seen on the video, or their surroundings. Read each statement carefully (ignore the right-hand column for the moment).

Lisez attentivement les descriptions 1 à 16. Ignorez pour le moment la colonne de droite.

Description	C'est...
1 Elle porte un T-shirt noir	
2 Il porte des lunettes de soleil	
3 Il est assez corpulent	
4 Elle est dans sa boutique	
5 Elle porte des lunettes à monture rouge	
6 Il est assis à côté d'une ombrelle rose et bleue	
7 Il porte une chemise bleue	
8 Il est moustachu	
9 Il y a une dame et une petite fille à gauche derrière lui	
10 Elle a les cheveux blonds et courts	Jacqueline
11 Elle porte de grosses boucles d'oreilles	
12 Il porte son pull sur les épaules	
13 On voit les rochers et les villas derrière lui	
14 Derrière lui, il y a un garçon en bermuda debout au bord de l'eau	
15 C'est un jeune homme d'une vingtaine d'années	
16 Il porte des lunettes de vue	

Pour vous aider

à monture rouge with a red frame

assis sitting

une ombrelle a sunshade

debout standing

les épaules the shoulders

les rochers the rocks

une vingtaine about twenty

2 Now watch the whole video sequence again (06:30–11:46), but this time stop the tape every time someone appears and see if any of the descriptions in the table fit. Write the person's name opposite the description, in the column *'C'est...'*. For example, when you see the florist, if you think that *'elle a les cheveux blonds et courts'* applies to her, write 'Jacqueline' in the right-hand column. Some descriptions may apply to more than one person.

Regardez de nouveau la séquence vidéo. Arrêtez la bande chaque fois que vous voyez quelqu'un et cherchez la (ou les) description(s) appropriée(s). Écrivez le nom de la personne dans la colonne 'C'est...' en face de la description.

So, were you good at spotting the details on screen? This type of exercise is also a good way to get used to new voices and intonation patterns. While you are watching the video for visual clues, you may not be concentrating on what people are saying, but your brain is already picking up sound patterns.

Expressing approximate quantities

One of the characters in the video was described as:

un jeune homme d'une vingtaine d'années
a young man of about twenty/in his twenties

French also has *dizaine, quinzaine, vingtaine, trentaine, quarantaine, cinquantaine, soixantaine,* which mean 'about ten, fifteen, twenty, thirty, forty, fifty and sixty', and are all very useful to express age:

Elle a une quarantaine d'années.
She's about forty.

C'est un homme d'une trentaine d'années.
He is around thirty years old.

You can use these words (and also *centaine*) in other contexts too. Here are a few more examples:

Il y a une centaine de personnes sur la plage.
There are about a hundred people on the beach.

Il connaît une dizaine de personnes à Paris, c'est tout.
He knows around ten people in Paris, that's all.

Je vais passer une quinzaine de jours à Paris.
I'm going to spend a fortnight in Paris.

Je suis en Écosse la première quinzaine de mai.
I'm in Scotland for the first fortnight in May.

Note that *douzaine* may mean 'about twelve' and 'a dozen exactly':

Je voudrais une douzaine d'œufs, s'il vous plaît.
I'd like a dozen eggs please.

Une demi-douzaine means 'half a dozen'.

Make sure you learn all these examples and that you can translate each of them correctly into English and into French.

The next *activité* is a short translation designed to make you practise numbers ending in *-aine*.

Activité 30

5 MINUTES

Traduisez ces phrases en français.

1   She is a young woman in her thirties.

2   I know half a dozen people here, that's all.

3   Are you on holiday during the first or the second fortnight in June?

4   Several hundred people are going to the ball tonight.

5   My favourite French singers are now around sixty years old.

One of the people we interviewed about *la fête* was Jacqueline. When she is asked what she does on July 14 (06:36–07:07) Jacqueline explains that she and her family manage to enjoy a nice week-end in the country because, for florists, this is the quietest week-end in the year:

Le quatorze juillet, c'est d'abord le week-end le plus calme de l'année pour les fleuristes. Donc, on arrive à se prendre un petit week-end à la campagne.

Asked if she participates in the parade, she answers that her sole contribution is to give away free vouchers for the lotteries and games organized in local parks:

On vient seulement me demander des bons d'achat pour les loteries…euh, tombolas, etc…, les jeux qui existent dans les parcs d'acclimatation, mais c'est ma seule participation.

Three different uses of 'on'

1   You have already seen that *on* can mean 'you' in a general sense:

> **On** *voit les villas derrière lui.*
> **You** can see the villas behind him.

2   The most common use of *on* in French is as a familiar equivalent of *nous*. Jacqueline uses it when she talks about her family. Note that *on* is followed by a verb in the third-person singular:

> **On** *arrive à se prendre un petit week-end à la campagne.*
> **We** manage to take the week-end off and enjoy it in the country.

3   Jacqueline uses *on* when she mentions she gives away free vouchers. *On* here means 'people', presumably the organizers of the games:

> **On** *vient me demander des bons d'achat.*
> **People** come and ask me for free vouchers.

If you want to know more about the uses of *on*, look up page 64 in your Grammar Book.

en passant ⇒ ⇒ ⇒ ⇒

When Jacqueline mentions that she is going to spend *un petit week-end* in the country, she doesn't mean 'a short week-end'. In fact, if July 14 falls on a Tuesday or a Thursday, she probably makes a long week-end of it (*elle fait le pont*).

What the French mean by *petit* is sometimes difficult to translate with one word. When it has a positive meaning, as in this context, it refers to something nice, relaxing, enjoyed in pleasant company, a welcome change from whatever you're doing at the time. Jacqueline works hard, six days a week. The week-end in the country with her family will be a nice change.

Here are other examples of *petit* used in this way:

> *On se prend un petit café?*
> Shall we (stop whatever we're doing and) have a nice relaxing cup of coffee?

> *J'ai fait un petit repas samedi pour les copains.*
> On Saturday, my friends and I got together and I cooked something special for them.

⇒ ⇒ ⇒ ⇒

For Jacqueline, July 14 is a time to get away from it all. In contrast, Véronique and her husband (07:14–07:48) feel that they must still provide a service for their customers, so there's no celebrating for them. However, they're pleased that those who organize *le bal* order a lot of bread.

Expressing quantities: 'un tas de'

Un tas de is used in a similar way to *pas mal de*, a phrase which you met in Section 1 (*il y a pas mal de mouches*). *Un tas* means 'a heap', 'a pile'. The term can be used in two ways.

It can be used in the literal sense:

> *Tu cherches ton pull? Il est dans le tas de vêtements par terre.*
> Are you looking for your jumper? It's in the heap of clothes on the floor.

> *Tu cherches ta grammaire? Elle est dans le tas de livres par terre.*
> Are you looking for your grammar book? It's in the pile of books on the floor.

Or in a figurative sense:

> *J'ai un tas de problèmes en ce moment.*
> I've got loads of/I've got my share of problems at the moment.

Like *pas mal de*, it is used mainly in relaxed spoken French when it means 'loads of'.

You've already watched some of the evening celebrations: *la retraite aux flambeaux, le feu d'artifice, le bal populaire.* But can you take children to them? (*Vous emmenez les enfants?*) Let's see what Pierre and Vincent are planning for the evening. They speak rather fast, but *Activité 31* will help you to understand what they are saying.

Activité 31

1 0   M I N U T E S

V I D E O

1   Watch Pierre and Vincent (07:49–08:27). They both have children and they explain their plans for the evening.

Regardez Pierre et Vincent. Ils ont tous les deux des enfants et ils expliquent leurs projets pour la soirée du quatorze.

2   Read through the sentences below, then watch again. Who says what? Stop the video if you hear Pierre or Vincent say one of the sentences and write P or V next to it. (You should recognize five of the nine sentences.)

Lisez les phrases ci-dessous. Regardez de nouveau la séquence vidéo. Qui dit quoi? Arrêtez la bande si vous entendez Pierre ou Vincent dire une phrase de la liste et écrivez P ou V à la fin de la phrase.

(a) On va sûrement se promener.

(b) On va... peut-être voir le feu d'artifice.

(c) Le bal... avec les enfants, ça va être un peu difficile.

(d) On va certainement bien manger et bien boire.

(e) Nous allons voir le concours de barques sur la rivière.

(f) On va sans doute aller à la retraite aux flambeaux.

(g) On va sûrement aller au bal populaire.

(h) On va sans doute… voir le feu d'artifice traditionnel.

(i) On va peut-être prendre un petit verre ensemble.

Expressing intention

1 In the video sequences you've just watched *aller* + infinitive was used to express what people intended to do:

> *On va… voir le feu d'artifice.*
> We are going to see the fireworks.

In this expression *aller* changes to agree with the subject and the following verb stays in the infinitive. For example:

> ***Je vais*** *danser au bal ce soir.*
> I'm going to dance at the ball this evening.

> ***Nous allons*** *danser au bal ce soir.*
> We're going to dance at the ball this evening.

2 Adverbs such as *sûrement* (definitely) and other expressions which fulfill the same function as adverbs, for example *sans doute* (probably), convey different degrees of certainty and reveal different things about the speaker's intentions. Here are some more of these expressions:

> *certainement*   certainly
>
> *bien sûr*   of course
>
> *probablement*   probably
>
> *peut-être*   perhaps
>
> *sans aucun doute*   without a doubt (implies certainty)
>
> *évidemment*   obviously
>
> *bien entendu*   of course

Note that these expressions can be placed between *aller* and the infinitive verb which follows:

> On va sans doute aller à la retraite aux flambeaux.

> On va sûrement se promener.

The next *activité* gives you chance to practise these phrases and to use *on* as an equivalent of *nous*.

1 You are in Paris on July 13. Your travelling companion, Pat, has a French friend, Christian Jobert, who is supposed to spend July 14 with you. You've gone to his house, but he's not in. Pat thinks it would be a good idea to leave a message under his door to explain what you all intend to do the next day. She starts writing the message, but you have to help her. Supply what she doesn't know how to say (use *on* to translate 'we' and remember it is followed by a verb in the third-person singular).

Aidez Pat à écrire un message à Christian pour expliquer vos projets pour le lendemain.

> Cher Christian,
>
> Demain, (we're definitely going) au défilé. Et les enfants (are probably coming) avec nous. (We're not taking the car) pour aller dans le centre. (We have listened to) la météo et il ne va pas pleuvoir. (Perhaps we'll have a drink) sur les Champs-Élysées, après le défilé. Et vous, (what will you do?) Appelez-nous ce soir (when you come home).
>
> Pat

2 Back home, Pat decides to leave the same message on Christian's answer phone. Her spoken French is not good at all, so you have to interpret for her. Listen to Audio Extract 16, which will tell you what Pat wants to say, and then speak your message in the gaps that have been left. Try to work out what you have to say from Pat's suggestions rather than simply reading out your previous message.

Laissez un message sur le répondeur de Christian pour expliquer votre emploi du temps du quatorze.

Night has fallen now and it's time to start enjoying yourself: *la nuit est tombée, la fête commence.* There are no language *activités* associated with the next piece of video (08:28–10:07), but here is a summary to help you with the general meaning.

Véronique, Jean-Paul and Roger describe how French people celebrate July 14. They all describe different aspects of the celebration. Véronique mentions the boat competition: *un concours de barques décorées qui se promènent sur la rivière, tout ça la... la nuit, éclairé avec des lampions. C'est très joli.* Jean-Paul says July 14 gives all French people the opportunity to express themselves freely, to live it up: *une fête qui... permet à tous les Français de s'exprimer... de pouvoir faire la fête... bien manger, bien boire.* Roger explains that the festivities take place in a friendly atmosphere (*la convivialité*) and that everybody goes out for a drink: *tout le monde va prendre son petit verre* (everyone's going to have a little drink). And, he adds, everybody is always in good spirits: *ça se passe dans la bonne humeur, toujours la bonne humeur.*

Marc, Thierry and Roger are then asked what it is exactly that the French celebrate on July 14 (*le quatorze juillet, qu'est-ce que ça célèbre?*).

Activité 33
5 MINUTES

VIDEO

Read the following summaries (they are not in the right order), then watch the video sequence (10:08–11:46) and fill in the correct names.

Lisez d'abord les résumés puis regardez la séquence vidéo où Marc, Thierry et Roger expliquent ce que le quatorze juillet célèbre. Écrivez le nom dans les trous.

1   _____ has quite simply forgotten – *'J' (ne) m'en souviens plus du tout!'* – but ventures *'c'est militaire'*, something to do with the army perhaps?

2   For _____ it certainly isn't *'militaire'*. That's long forgotten: *'on a oublié tout ça'*.

3   It's obviously *'la prise de la Bastille'* for _____ , *'pour tout un chacun qui connaît son histoire de France'* (for those who know French history), but he seems to imply not every French person does.

Le bal public

**4 200 militaires sur les Champs-Élysées. À pied, à
cheval, en moto, en blindé, en avion et en
hélicoptère, 4 200 hommes et femmes ont participé,
de l'Arc de triomphe à la Concorde, au traditionnel
défilé du 14 juillet. Une parade qui s'est achevée par
la 'Marseillaise' – dont c'est le bicentenaire –
interprétée par 500 choristes des trois armes.**
(***Le Figaro**, **le 15 juillet 1992***)

The picture above of the *défilé sur les Champs-Élysées* gives you a glimpse of
what the French state officially celebrates on July 14. This is in marked
contrast to what one of the interviewees said when asked whether there were
military connotations to the festival. The next *activité* is designed to help you
understand and pronounce the phrases in the caption to this picture.

Activité 34

10 MINUTES

AUDIO 17

1   Look at the picture above, which comes from the front page of *Le Figaro*,
    and read the caption (if you are not entirely sure of the meaning, look up
    the translation provided in the *corrigé*).

    Lisez la légende de la photo du Figaro.

2   The caption is also recorded on Audio Extract 17. Listen to it a few times, then try to read it out at the same time as the recording, to practise your pronunciation.

Écoutez plusieurs fois l'Extrait 17. Ensuite lisez la légende de la photo en même temps que vous l'écoutez sur la cassette pour travailler votre prononciation.

You've seen people dancing at the ball and having a drink on the Place du Commerce. In the final *activité* for this video sequence, the real challenge is to test your visual memory.

Activité 35
10 MINUTES

V I D E O

1   Read the sentences below and make sure you understand them. Without watching the video sequence again, tick the ones which do **not** describe the different scenes accurately.

*Lisez les phrases ci-dessous et cochez celles qui **ne** décrivent **pas** les scènes que vous avez vues.*

(a) Les enfants aussi dansent au bal du quatorze juillet.   ❑

(b) Toute la ville semble être sur la Place du Commerce.   ❑

(c) On danse aussi en groupe au bal.   ❑

(d) Un vieux monsieur danse avec une petite fille.   ❑

(e) Les amoureux qui dansent s'embrassent.   ❑

(f) C'est la soirée la plus calme pour les garçons de café.   ❑

(g) Il y a plein de monde aux terrasses des cafés.   ❑

(h) Une vieille dame danse avec son fils.   ❑

(i) Le garçon de café circule rapidement entre les tables.   ❑

(j) Le bal est réservé aux grandes personnes: tous les
       enfants sont couchés.   ❑

Pour vous aider

semble   seems

les amoureux   the couple in love

s'embrassent   kiss (each other)

grandes personnes   grown-ups

couchés   in bed (in general this means lying down)

2   Now watch the video sequence again (10:08–11:46) to check your answers.

Regardez la deuxième moitié de la séquence vidéo pour vérifier vos réponses.

Activité 36 is a revision exercise. Before you do it, it would be a good idea to look back through this section at what you have learned about forming the perfect tense and about questions.

Activité 36
1 0   M I N U T E S

1   Here are a few imaginary conversations overheard at the *bal public*. Complete each dialogue with one of the sentences (a) to (d) from the box below.

Voici des conversations entendues au bal. Choisissez une phrase de la liste (a) à (d) dans l'encadré et complétez chaque dialogue.

Petit garçon Petite fille	Tu as vu le feu d'artifice?
Jeune homme Jeune fille	Il se termine quand, le bal?
Un homme du groupe Un autre homme	Comment est-ce que tu rentres à la maison?
Un musicien Un autre musicien	L'année dernière, il y avait moins de monde.

> (a) À pied. J'ai trop bu pour conduire.
>
> (b) C'est parce que l'année dernière, il a plu.
>
> (c) Je ne sais pas. Je n'ai pas lu le programme.
>
> (d) Non, mais j'ai fait la retraite aux flambeaux.

2   Can you remember what the infinitives of *j'ai bu, il a plu, j'ai lu* and *j'ai fait* are? Jot them down.

The next *activité* is also a revision exercise and provides you with a chance to use the vocabulary and forms that you have learned in Sections 1 and 2 (for example, the three ways to ask questions, the perfect tense, how to use *on* and *aller* + infinitive).

Activité 37
20 MINUTES

Now it's your turn to imagine what the people below are saying or thinking. Don't try to make your sentences too complicated (about ten to fifteen words per person is enough). As you saw in the previous *activité*, you can say a lot with simple structures. If you want, you can use parts of the dialogues in *Activité 36*, or some of the phrases listed in the box below.

C'est votre tour d'imaginer ce que disent, ou pensent, ces personnes. Écrivez des phrases simples et une quinzaine de mots par personne. Si vous voulez, vous pouvez utiliser les dialogues précédents ou bien certaines des expressions dans l'encadré.

> - Ça vous a plu?
> - Ça ne m'a pas plu.
> - Ça m'a beaucoup plu.
> - Je trouve que c'est très joli.
> - Je suis vraiment fatigué(e).
> - Moi, je préfère bien manger, bien boire.
> - Tu as pris ton parapluie?
> - Il y a un tas de monde qui danse.
> - J'ai trop travaillé aujourd'hui.

Les boulangers au bal

Elle dit _____

_____

_____

Il répond _____

_____

_____

Le garçon de café sur la Place du Commerce

Il pense _____

_____

_____

49

Les enfants de Vincent regardent le feu d'artifice

La petite fille dit _____

_____

_____

Le petit garçon répond _____

_____

_____

La vieille dame et son fils rentrent à la maison

Elle pense _____

_____

_____

Son fils pense _____

_____

_____

Vous regardez le défilé avec un ami

Vous dites _____

_____

_____

Votre ami répond _____

_____

_____

When you have time, watch all the video sequences for this section again, to consolidate what you have learned so far.

Faites le bilan

When you have finished this section of the book, you should be able to:

- Ask for information using three different forms of question (*Activités 19, 24* and *27*).

- Use the correct intonation for asking questions, including rising intonation (*Activités 18, 20* and *21*).

- Form the perfect tense to talk and write about past events (*Activités 27, 36* and *37*).

- Pronounce the sound [y] (*Activité 26*).

- Use numbers ending with -*aine* appropriately (*Activité 30*).

- Recognize and use *on* meaning *nous* (*Activité 31* and *32*).

- Recognize and use *aller* + infinitive to express intentions (*Activités 31* and *32*).

- Recognize and use the following expressions to express intentions: *sûrement, évidemment, bien entendu, bien sûr, probablement, sans doute, sans aucun doute* (*Activités 31* and *32*).

Vocabulaire à retenir

2.1 Le programme des festivités

une manifestation

un défilé

un drapeau

se terminer

comment ça se passe?

comment ça marche?

avoir lieu

le bal public

dans la soirée

très tard le soir

2.2 La Légion d'honneur

un juge

un directeur, une directrice

un acteur, une actrice

un chanteur, une chanteuse

un photographe, une photographe

un PDG, une femme PDG

ça vous a plu?

ça m'a beaucoup plu

2.3 La fête

il est assis

il est debout

elle a les cheveux blonds/bruns

emmener quelqu'un/les enfants

bien manger/bien boire

prendre un petit verre

à pied/à cheval

en avion/en hélicoptère

la météo

un garçon de café

une terrasse de café

une grande personne

les enfants sont couchés

3 L'automne
et l'hiver

STUDY CHART

	Topic	Activity/timing	Audio/video	Key points
50 mins	3.1 L'automne de Verlaine et de Prévert	38 (5 mins)		An introduction to Verlaine
		39 (10 mins)	Audio	Pronouncing [ɑ̃] and [ɔ̃]
		40 (5 mins)		An introduction to Prévert
		41 (10 mins)	Audio	Pronouncing [l] and [j]
1 hr 5 mins	3.2 Novembre	42 (15 mins)		The festival of Sainte-Catherine
		43 (10 mins)	Audio	
		44 (10 mins)		Saints' days
		45 (10 mins)		Using savoir and connaître
1 hr 30 mins	3.3 Noël	46 (15 mins)	Audio	Christmas customs
		47 (15 mins)	Audio	Recognizing expressions of time
		48 (15 mins)	Audio	Using expressions of time and dates
		49 (15 mins)	Audio	Recognizing the imperfect
		50 (10 mins)		Using the imperfect
1 hr 10 mins	3.4 Le Nouvel An et le jour des Rois	51 (20 mins)		Celebrations around New Year
		52 (10 mins)		New Year's greetings
		53 (30 mins)		Section revision

*T*he symbolism and melancholy of autumn have been an inspiration to writers in many languages and we begin this section with two well-known French poems. The sombre side of autumn is also reflected in some of the anniversaries that are commemorated in France during November. In addition to finding out about these, you'll hear about a very unusual custom that is still celebrated in some areas at this time. Finally, we look at how the French celebrate the festivities of the year end: *Noël, le Nouvel An* and *le jour des Rois.*

As you work through the section, you'll learn words and expressions associated with these holidays and celebrations, in particular how to express seasons greetings. You'll also be developing your ability to talk about things that happened in the past.

3.1 L'automne de Verlaine et de Prévert

We begin with two short poems about autumn by Paul Verlaine and Jacques Prévert. We have recorded them on the Activities Cassette so that you have chance to appreciate how the poets used sounds and rhythms to suggest movement and atmosphere. You'll be able to practise your pronunciation by reading them aloud along with the tape (in particular the sounds *on* [ɔ̃] and *an* [ɑ̃] and the sounds represented by the letters 'l' and 'll'). You may find that these intensely musical verses are quite easy to memorize. However, learning them by heart is entirely optional: do it if you enjoy it!

Each poem is preceded by a short passage about its author. Most of the words are very similar to their English equivalents, which should make your reading easier. Understanding everything is not a priority at this stage. The gist of the passages should give you enough insight into both Verlaine's and Prévert's life.

Activité 38

5   MINUTES

Lisez le texte suivant.

> Paul Verlaine (1844–96) est un des poètes français les plus célèbres du XIXe siècle. En 1871 il rencontre Arthur Rimbaud, autre poète français très connu. Les deux amis ont une relation passionnelle et vivent ensemble à Paris, en Belgique et à Londres. Un jour, ils se querellent et Verlaine tire deux coups de revolver sur Rimbaud. Il est emprisonné durant deux ans à la prison de Mons, où il opère une conversion religieuse.
>
> La poésie de Verlaine est très musicale (il a dit: 'de la musique avant toute chose!'), souvent très sensuelle, mais aussi parfois mystique.

Pour vous aider

célèbres famous

du XIXe siècle of the nineteenth century

très connu very well known

il rencontre he meets

tire deux coups de revolver fires two shots (from a revolver)

parfois sometimes (slightly formal)

In the next *activité*, when you hear Verlaine's poem, listen for the effects created by the sounds and imagine what they suggest: perhaps the movement of a leaf falling on a windy autumn day?

Activité 39
10 MINUTES

AUDIO 18

1 Read the poem a few times while listening to it on tape.

Lisez et écoutez le poème deux ou trois fois.

CHANSON D'AUTOMNE

Les sanglots longs
Des violons
  De l'automne
Blessent mon cœur
D'une langueur
  Monotone.

Tout suffocant
Et blême, quand
  Sonne l'heure,
Je me souviens
Des jours anciens
  Et je pleure;

Et je m'en vais
Au vent mauvais
  Qui m'emporte
Deçà, delà,
Pareil à la
  Feuille morte.

Pour vous aider

sanglots sobs

blessent mon cœur wound my heart

suffocant choking

blême pallid

je me souviens I remember

>   *jours anciens*   olden days (*ancien* comes after the noun in this sense)
>
>   *je pleure*   I cry
>
>   *je m'en vais*   I'm going (away)
>
>   *qui m'emporte*   which takes me away
>
>   *deçà, delà*   here and there
>
>   *pareil à*   just like

2   Read the poem out loud along with the tape. Pay particular attention to the nasal sounds [ɑ̃] in ***sa**nglots, **lan**gueur, suffo**cant**, je m'**en** vais, **em**porte,* and [ɔ̃] in ***lon**gs, vio**lons, mon** .* (If necessary, refer to the Phonetics Cassette for help with those sounds.)

Lisez vous-même le poème à haute voix en même temps que la bande.

3   Listen again to the poem without looking at the text.

Réécoutez le poème sans regarder le texte.

Activité 40
5   MINUTES

Lisez ce court texte sur le poète Jacques Prévert.

> Jacques Prévert (1900–77) est un des poètes français les plus populaires du XXe siècle. Il est lu par un très large public. Hostile à toutes les forces d'oppression sociale, capable d'ironie et de violence mais aussi de grâce et de tendresse, sa poésie célèbre la liberté, la justice et le bonheur.
>
> Jacques Prévert a aussi écrit des paroles de chansons et les scénarios des films les plus célèbres du grand cinéaste français Marcel Carné, comme, par exemple, 'Quai des brumes' (1938) et 'Les Enfants du paradis' (1945).
>
> **Pour vous aider**
>
> *le bonheur*   happiness
>
> *sa poésie célèbre*   his poetry celebrates
>
> *des paroles de chansons*   lyrics
>
> *cinéaste*   film director

Prévert wrote many poems against injustice and oppression. But some of his poetry is quite lyrical, for instance the short poem *L'Automne.* Look out for the unexpected image at the end.

1 Read Prévert's poem and listen to the recording of it at the same time. Pay particular attention to the different pronunciation of the letter 'l' or double 'l' in *mili*eu and *all*ée [l] as opposed to *fe*u*ill*es and *sol*e*il* [j].

Lisez le poème et écoutez-le en même temps sur la cassette.

L'AUTOMNE

Un cheval s'écroule au milieu d'une allée
Les feuilles tombent sur lui
Notre amour frissonne
Et le soleil aussi.

Pour vous aider

s'écroule   collapses

au milieu de   in the middle of

frissonne   shivers

2 Now read the poem out a few times along with the tape.

Ensuite lisez-le avec la cassette.

3 Finally, record yourself reading out the poem. Play back what you have recorded to check your pronunciation.

Maintenant enregistrez votre voix. Lisez le poème et puis écoutez-vous pour vérifier votre prononciation.

3.2 Novembre

November is the month of remembrance. It begins with *la Toussaint,* literally *la fête de tous les saints* (All Saints' Day), which is a bank holiday (*un jour férié*) in France. November 2, *le jour de la fête des morts* (All Souls' Day), is the day for visiting the graves of relatives and friends: *on va au cimetière pour mettre des fleurs sur les tombes.* It's also the day when florists sell a lot of *chrysanthèmes,* flowers which in France are associated with remembering the dead. So, if you're in France and want to give someone some flowers, don't choose chrysanthemums – that would be *une gaffe* (a blunder).

Then it is *le onze novembre,* another *jour férié,* the anniversary of the armistice which in 1918 ended World War I, *la première guerre mondiale* (also called *la Grande Guerre*). Usually, there is an official ceremony when the mayor and representatives of the army lay wreaths at the war memorial (*le monument aux morts*) and then a mass (*une messe*).

In contrast with the melancholy *journées du souvenir* (days of remembrance) of early November, *la Sainte-Catherine* on November 25 provides a touch of fun. It is not a national holiday and many French people will probably tell you that it is an obsolete tradition. In the next *activité* you'll find out exactly what the tradition is about.

Activité 42
1 5   M I N U T E S

Take your time to read this text, but don't look up anything in the dictionary. Then write a summary in English (approximately 100 words) of what you've read.

Prenez votre temps pour lire ce texte, mais ne cherchez pas les mots dans le dictionnaire. Écrivez en anglais un résumé d'environ 100 mots.

D'où vient la coutume de 'coiffer Sainte Catherine'? L'usage était autrefois, pour un mariage, qu'une des amies de la jeune mariée prépare la coiffure nuptiale, et cela lui portait bonheur pour trouver un mari dans l'année. Mais Sainte Catherine est morte célibataire. Donc quand on disait d'une femme 'Elle reste pour coiffer Sainte Catherine', cela voulait dire qu'elle n'était pas encore mariée.

De nos jours, on fête encore les Catherinettes, les jeunes filles de plus de vingt-cinq ans qui ne sont pas mariées: le vingt-cinq novembre, le jour de la Sainte-Catherine, on leur fait une fête, on leur fabrique un chapeau toujours très fantaisiste qui représente les choses que la jeune fille aime, son caractère ou son occupation. Par exemple, si elle aime la nature c'est un chapeau plein de fleurs, de fruits, d'oiseaux.

Au début du XXe siècle, les couturières et les modistes ont choisi Sainte Catherine pour patronne. Toutes les grandes maisons de couture françaises célèbrent la tradition le vingt-cinq novembre: Patou, Christian Dior, Jean-Louis Scherer. On se déguise et on organise spectacles, fêtes et cocktails.

Pour vous aider

la coiffure   head-dress (more usually: hair style)

cela lui portait bonheur   it brought her good fortune

célibataire   single

on disait d'une femme   it was said about a woman

cela voulait dire que   it meant that

de nos jours   nowadays

on se déguise   people wear fancy dress

spectacles   shows (*un spectacle* can be a play, a film, any kind of show)

Explaining what you mean: 'ça veut dire que...'

In the last *activité* you met a very useful expression which you can employ when you want to explain something in more detail:

> *cela voulait dire que*   it meant that

You conjugate the verb *vouloir,* but *dire* does not change. Here are some examples:

> *Vous voyez ce que je veux dire?*
> See what I mean?

> *'Célibataire' en français et 'celibate' en anglais ne veulent pas dire la même chose.*
> 'Célibataire' in French and 'celibate' in English do not mean the same.

> *Je n'ai pas voulu dire ça!*
> That's not what I meant!

> *Autrefois, le mot 'écu' en français ne voulait pas dire 'European Currency Unit'. C'était le nom d'une pièce d'argent utilisée au Moyen Âge.*
> Years ago, the word 'écu' in French did not mean 'European Currency Unit'. It was the name of a silver coin in use in the Middle Ages.

> *Qu'est-ce que ça veut dire?*
> What does it mean?

> *Qu'est-ce que vous voulez dire?*
> What do you mean?

Make sure you learn these examples of how to use *vouloir dire.* The last two are particularly helpful when you're not sure whether you've understood something or someone. It might be an idea to devote a page of your dossier to phrases which can help you out when your French fails you! You could entitle your page 'Coping Strategies'.

But back to *la Sainte-Catherine*. In the next *activité* M. Lefloës, whom you encountered in Section 2, explains who *les Catherinettes* are. You'll be listening for clues to his attitude and for the words he uses to express an opinion.

Activité 43
10 MINUTES
AUDIO 20

1   Listen to M. Lefloës once. From the tone of his voice and your general impression of what he says, how do you think he feels about the *Catherinettes?* Note your answer down in English.

Écoutez M. Lefloës. D'après vous, quels sont ses sentiments envers les Catherinettes?

2 Read the following three summaries, then listen to the audio extract again. Which summary corresponds best to what M. Lefloës thinks? Which is the one which summarizes what you personally think?

Maintenant lisez les trois résumés suivants. Écoutez l'extrait de nouveau puis choisissez le résumé qui correspond le mieux à ce que M. Lefloës pense. Ensuite, choisissez celui qui résume votre opinion personnelle.

(a) Oh, vous savez, c'est une fête qui n'a plus de sens de nos jours. Mais c'est agréable de faire la fête!

(b) La Sainte-Catherine, c'est une fête charmante. Les Catherinettes, ce sont des jeunes filles qui ne se sont pas mariées, mais qui sont très agréables.

(c) La Sainte-Catherine! Ça se fête encore? Mais c'est scandaleux! C'est affreusement sexiste! Ah non, là je ne suis pas du tout d'accord!

Pour vous aider

n'a plus de sens   has lost its meaning

affreusement   horribly

je ne suis pas du tout d'accord   I don't agree at all

A reminder of the strong influence of Catholicism in French society, the saints' names are probably the first thing you noticed when you looked at the French calendar in Section 1. The text in *Activité 44* explains the importance of saints' names in the traditions of some French families.

Activité 44
1 0   M I N U T E S

1 Read the following paragraph and underline each use of the verbs *savoir* and *connaître*. You'll work on these verbs later.

Lisez le passage suivant et soulignez les verbes 'savoir' et 'connaître'.

Si vous regardez un calendrier français, vous remarquez immédiatement que les noms des saints sont écrits à côté de chaque date. Vous connaissez déjà sûrement la Saint-Valentin, le quatorze février? Maintenant vous savez que la Sainte-Catherine se fête le vingt-cinq novembre.

2 Read the rest of the text then tick the correct answer to the question that follows.

Lisez le reste du texte et cochez la bonne réponse à la question ci-dessous.

En France, les enfants, et beaucoup d'adultes, célèbrent leur 'fête'. Par exemple, si un garçon s'appelle Vincent, sa fête est le vingt-deux janvier. Si une fille s'appelle Florence, sa fête est le premier décembre. Ce jour-là, ils reçoivent un petit cadeau de leur famille et parfois une carte qui dit 'Bonne fête!' Tous les jours après les informations à la télévision le présentateur ou la présentatrice du bulletin météorologique signale aussi la fête du lendemain. Il dit par exemple: 'Demain, trente novembre, ce sera la Saint-André. Alors, bonne fête à tous les André!'

Pour vous aider

les informations   the news (*une information* is a piece of news)

bulletin météorologique   weather forecast

du lendemain   of the next day

demain… ce sera   tomorrow will be

la Saint-André   Saint André's day (note the use of *la*, although both *saint* and *André* are masculine, for *la (fête de) Saint André*)

tous les André   all the people called André

Les gens célèbrent leur anniversaire le jour de leur naissance, mais ils célèbrent leur fête:

(a) le jour de leur saint(e) préféré(e);   ❏

(b) le jour du saint qui porte un nom identique à leur nom.   ❏

The difference between 'savoir' and 'connaître'

Both *savoir* and *connaître* can translate 'to know'. Here are some basic rules for using them correctly.

Savoir

Use *savoir* if the verb is followed by:

- Words such as *que, pourquoi, comment, si* (if, whether), *quand* and a clause.

    Vous **savez que** la Sainte-Catherine se fête le vingt-cinq novembre.

    Tu **sais si** elle part en vacances au mois de mai?

- A verb in the infinitive.

    Je ne **sais** pas **conduire**, mais je **sais monter** à bicyclette.

    Depending on the verb, *savoir* can be translated by 'to know how to do' or, as in the example above, by 'can': I can't drive, but I can ride a bicycle.

- Nothing.

    Oh, vous **savez**, c'est une fête qui n'a plus de sens de nos jours.

| Un étudiant | On n'offre pas de chrysanthèmes en France. |
| Un autre étudiant | Oui, je **sais**. |

Connaître

Use *connaître* when the verb is followed by a direct object (for example 'knowing somebody' or 'knowing something').

> Vous **connaissez** déjà sûrement **la Saint-Valentin**?

> Je **connais** bien **Paris**, mais je ne **connais** pas **Lyon**.

> Tu **connais Pierre** et **Michel Dubonnet**?

Make sure you learn all these examples. In the short translation exercise in the next *activité* you'll practise both verbs and use some of the vocabulary you've covered so far in this topic.

Activité 45
10 MINUTES

Traduisez ces dialogues en français.

1 – Do you know the meaning of the word *célibataire*?
   – No. What does it mean?

2 – Do you know when Émilie's saint's day is?
   – Yes I know. It's on September 19.

3 – You know François, he's charming.
   – I know François, and I don't agree at all.

Now might be a good time to listen to the Feature Cassette, where you will find two people talking about autumnal pursuits: a woman enjoys walking around the area where she lives and a man tells us about grape-picking.

3.3 Noël

Christmas is celebrated in many different ways in France. For some it retains a religious significance, while for others it is a secular *fête*. We begin with a look at the more traditional and religious side of this time of year.

Les festivités de Noël

You're going to listen to Father Mercier (*l'abbé Mercier*) talking about the way Christmas is usually celebrated by Catholic families in France. This is quite a long audio extract, but we'll give you plenty of help to understand it. You will work chiefly on expressions of time, but there will also be an opportunity to revise question forms.

In France the 24-hour clock is used in timetables and official documents. It's also quite normal for people to use it in everyday conversation. For example, for 8 p.m. they'll say either *huit heures* or *vingt heures*. When they want to be very clear, they would say *huit heures du matin* for 8 a.m. and *huit heures du soir* for 8 p.m.

Activité 46

15 MINUTES

AUDIO 21

1   Read these incomplete sentences.

Lisez les phrases incomplètes ci-dessous.

(a) Il y a des décorations de Noël qui sont très traditionnelles: les bougies, le sapin, la bûche dans la cheminée et la _____ .

(b) Dans les familles où il y a des cheminées, on aime bien orner la cheminée de bûches. Mais la 'bûche de Noël' est aussi une _____ .

(c) Le vingt-quatre décembre, les Français catholiques vont à la _____ de la nuit de Noël.

(d) Chez les personnes du monde rural, le _____ de Noël a lieu habituellement le jour de Noël, c'est-à-dire le vingt-cinq.

(e) Mais une coutume se développe de plus en plus, qui est d'utiliser une partie de la nuit de Noël, avant ou après la célébration liturgique, souvent après, pour ce qu'on appelle le _____ , un mélange de plats festifs, mais aussi de réjouissances, de danses, de chansons, de cantiques.

Pour vous aider

la crèche   the crib

le sapin   the Christmas tree (in general, *un sapin* is a fir tree)

la bûche   the log (Father Mercier talks about wooden logs for the fireplace and also the Yule log)

la cheminée   the fireplace (and the chimney)

le réveillon   Christmas Eve supper

de plus en plus   more and more

un mélange de mets   a mix of dishes

de plats festifs   festive dishes

mais aussi de réjouissances   but also of merry-making

2   Now listen to Father Mercier in Audio Extract 21 and use the information he gives to fill in the blanks in the sentences.

Maintenant écoutez l'abbé Mercier et complétez les phrases.

Activité 47

1 5   M I N U T E S

A U D I O   2 1

Play Audio Extract 21 again. Listen for the dates and the times of day when Father Mercier says different things happen. You'll need these numbers to fill in some of the gaps in the sentences below. The other gaps need to be filled by the French equivalents of the jumbled-up expressions of time in the box.

Écoutez l'abbé Mercier encore une fois et remplissez les trous avec les dates, les heures et les expressions de temps qu'il mentionne.

1 _____ du dix-neuvième siècle, mais surtout

_____ du vingtième siècle, le sapin est devenu

le signe même de ces festivités de Noël.

2 En principe les Français euh… fêtent le réveillon , _____

euh, mais qu'est-ce qui se passe exactement?

3 Jusqu'aux années , _____

_____ , la messe

de la nuit était célébrée _____ .

4 Depuis, pour différentes raisons, et en particulier à cause de la participation

des petits enfants et des personnes âgées, la messe de la nuit de Noël est

souvent célébrée _____ de la nuit, _____ vingt heures,

_____ heures, _____ heures au plus tard.

5 Chez les personnes du monde rural, le repas de Noël a lieu habituellement le

jour de Noël, le _____ , _____ .

> at midday, since the middle,
> at the beginning, since the end,
> at midnight, about

Pour vous aider

des personnes âgées   older people

au plus tard   at the latest

Dates

In French when you talk about a year you say the date as if it were a number.

> 1975 is not 'nineteen seventy-five' but 'one thousand nine hundred seventy-five': *mille neuf cent soixante-quinze.*

Here are two more examples: 1789, the year of the French Revolution, is *mille sept cent quatre-vingt-neuf*; 1962, the year when Algeria became independent, is *mille neuf cent soixante-deux*.

To write out dates involving the word *mille*, the same rules apply as with the number *mille* (see Section 2, p. 32).

In English, when you want to say when something happens, you say it will happen **on** such and such a date. The day is expressed as an ordinal number (first, second, third, etc.) and the months of the year begin with a capital letter.

In French, you use cardinal numbers (*deux, trois, quatre, vingt et un, vingt-deux*, etc.) to specify the day, and months are written in small letters. The one exception is the first day of the month, which is *le premier*.

> *Je pars le premier août.*
> I'm leaving on the first of August.

There is no equivalent of the English 'on…'. French simply uses *le*. For example:

> *On se réunit le jour de Noël, le vingt-cinq décembre.*
> We meet **on** Christmas Day, **on** the twenty-fifth of December.

If you write a date at the top of a letter or document, you can put *le* before it or not, as you wish.

> Paris, le 23 décembre 1994
> *or*
> Paris, 23 décembre 1994

You'll practise writing and saying dates in the next *activité*.

Activité 48
1 5   M I N U T E S

A U D I O   2 2

1   Write the answers in French to the following questions.

Répondez par écrit aux questions suivantes.

(a) À quelle heure est célébrée la messe de Noël en France?
(At 8, 9, 10 p.m. at the latest)

(b) Dans le monde rural, quand est-ce que le repas de Noël a lieu?
(On December the twenty-fifth, at midday)

(c) Et dans les villes, quand est-ce qu'on fait le repas de Noël?
(On the twenty-fourth, towards 8 p.m.)

(d) Depuis quand le sapin est-il le signe des festivités de Noël?
(Since the end of the nineteenth century)

2   Check your answers to step 1 in the *corrigé*, then listen to these same questions in Audio Extract 22 and answer in the gaps that have been left.

To practise question forms, you could take the part of the person asking the questions: to do this, pause the tape just before he speaks, ask the question, then listen to what he says. Practise this a few times until you do not need to look at the written dialogue.

Maintenant faites l'exercice sur la cassette. Répondez en français aux questions sur Noël. Puis prenez le rôle de la personne qui pose les questions.

3 Finally, two personal questions. Answer them out loud or jot the answer down on paper.

Répondez à voix haute ou par écrit aux deux questions suivantes.

(a) Quel jour avez-vous fêté votre anniversaire? (Use *mon anniversaire* in your reply)

(b) Quel jour avez-vous commencé à étudier ce livre?

Noël 'dans le service'

Not everyone manages to be at home for Christmas, and those who have to work on Christmas Day often like to mark the event in some way. In the next *activité* a nurse, Mme Malnar, describes how she and her colleagues on the ward (*dans le service*) used to organize *une fête* for Christmas. Mme Malnar speaks rather quickly but the transcript should help you to follow what she says. Note in particular how she transforms *il y a* into *y a,* a very common occurrence in relaxed spoken French. All of the verbs she uses are in the past tense called the imperfect.

Activité 49
15 MINUTES

AUDIO 23

1 *Lisez la transcription de l'interview de Mme Malnar.*

Y a deux ou trois ans encore, dans le service, on _____ Noël, et euh on avait gardé un peu les traditions, on _____ les enfants du personnel, mais du service. Donc on _____ un petit goûter, et puis on _____ … euh, les enfants des médecins, des infirmières, des aides-soignantes.

Maintenant on peut plus faire ça, parce que, ben, le service a grandi, maintenant y a beaucoup d'enfants aussi, y a… bon les infirmières se… bien sûr, sont moins célibataires, sont… peut-être se marient plus, mais c' _____ très sympathique!

Alors on faisait, on _____ des petits films pour les enfants, on… , chacun _____ un petit cadeau, nous-mêmes on se

_____ des petits cadeaux, etc., et ça c' _____ très bien.

Pour vous aider

on avait gardé   we had kept

réunissait   gathered together

du personnel   of the staff

des aides-soignantes   nursing auxiliaries (from *soigner*: to nurse, to treat)

on passait des petits films   we used to show short films

2   Listen to Audio Extract 23 and choose the correct verbs from the list in the box below to fill in the gaps in the transcript (note that two of the verbs are used twice).

Dans l'encadré ci-dessous, choisissez les verbes corrects pour compléter la transcription.

> faisait, avait, voulait, pouvait, allait, passait, était,
> mangeait, aimait, venait, fêtait, écoutait, réunissait,
> chantait, buvait, habitait, restait, invitait

en passant ▸ ▸ ▸ ▸

Le goûter is the snack French children have around 4.30 p.m., usually after school. In the audio extract you've just listened to it means 'a children's party'.   ▸ ▸ ▸ ▸

The imperfect tense: describing what used to happen

The verbs in the following sentences are in the imperfect tense (*l'imparfait*). We assume that you already know how to form the imperfect, but consult your Grammar Book, page 92, paragraph 3(b), if you need to refresh your memory. Here we concentrate on one of the main meanings of the imperfect. Look at the following examples:

Il y a deux ou trois ans encore on **fêtait** Noël, on **invitait** les enfants du personnel, on **faisait** un petit goûter.

Le onze novembre, mon grand-père **allait** toujours au monument aux morts avec ses anciens compagnons de la première guerre mondiale.

Quand je **vivais** en France, j'**achetais** tous les ans des chrysanthèmes pour la Toussaint et je les **apportais** sur la tombe de mon père.

Autrefois, elle **lisait** beaucoup Verlaine, mais maintenant elle préfère Prévert.

Chaque année, on **partait** en vacances à la montagne.

In these examples the imperfect describes what used to happen. The fact that an action occurred repeatedly, or that a state of affairs described lasted a while, is often emphasized by words and expressions such as *toujours, tous les ans, autrefois, chaque année* (every year), *il y a quelques années encore* (as recently as a few years ago). For more examples, have a look at the first paragraph of the text about *La Sainte-Catherine* on page 57 and at its translation in the *Corrigés* on page 100.

In English we can express the past in different ways. For example, with the verb 'to go', 'used to go', 'would go' or 'went' could all be used, depending on context. When you want to translate an English past into French, you must always ask yourself whether it conveys the idea of a habit: if the answer is yes, use the imperfect. For example:

> When I **was** a child we **walked** a lot more. My father **didn't drive** us to school every day, as your father does now.
> *Quand j'**étais** enfant, on **marchait** beaucoup plus. Mon père ne nous **emmenait** pas à l'école en voiture tous les jours, comme votre père le fait maintenant.*

The next *activité* gives you practice in using this tense, as well as a chance to revise the use of *on*.

Activité 50
10 MINUTES

Replace *nous* by *on* in the text below and change the verbs from the present tense to the imperfect. (Remember to use the third-person singular with *on*.) Start this way: *Quand j'étais petit, on partait…*

Remplacez 'nous' par 'on' dans le texte suivant et réécrivez-le à l'imparfait.

> Nous partons en vacances vers la mi-septembre. Nous allons dans le Sud, où mes grands-parents habitent. Nous les revoyons chaque année avec plaisir. Nous faisons beaucoup de marche avec mon grand-père, ou bien, quand il fait trop chaud, nous restons à la maison et nous lisons de la poésie avec ma grand-mère, qui aime beaucoup Victor Hugo! Je trouve que c'est très agréable, ce genre de vacances.

3.4 Le Nouvel An et le jour des Rois

Once Christmas is over, there are still the New Year and Twelfth Night (*le jour des Rois*) to look forward to. You're going to read a short passage about the different customs associated with these festivals in France. You should be able to understand most of it as you have already come across much of the vocabulary.

The next *activité* provides more examples of the use of *on* and gives you an opportunity to practise asking questions.

Activité 51
20 MINUTES

1 *Lisez le texte suivant.*

Coutumes de la nouvelle année

Le trente et un décembre, en France comme dans beaucoup d'autres pays, on passe le réveillon de la Saint-Sylvestre (ou 'du Nouvel An') avec des amis plutôt qu'en famille. Quelques minutes avant minuit on ouvre les bouteilles de champagne et, à minuit juste, on s'embrasse et on se souhaite la bonne année.

Le facteur, les éboueurs et la concierge (s'il y en a une dans l'immeuble) passent en décembre pour recevoir leurs étrennes, mais les enfants doivent attendre le premier janvier! Ils vont souhaiter la bonne année aux grands-parents, qui en général leur donnent un peu d'argent.

Les Français n'envoient pas beaucoup de cartes de Noël, mais envoient leurs vœux de bonne année par écrit à tous leurs amis et connaissances. On peut envoyer ses cartes de vœux jusqu'à la fin janvier.

Le six janvier la plupart des Français célèbrent le jour des Rois. Ils achètent une 'galette des rois' chez le pâtissier, un gâteau rond qui contient 'la fève', autrefois une vraie fève sèche, de nos jours une petite figurine de porcelaine. La personne qui trouve la fève dans sa part de gâteau devient le roi (ou la reine) de la fête et porte la couronne de carton doré que le pâtissier a donnée avec la galette. Théoriquement, cette personne doit aussi payer la galette suivante: c'est pourquoi les pâtissiers vendent souvent des galettes des Rois jusqu'à la mi-février!

Pour vous aider

plutôt que rather than

on se souhaite people wish each other

le facteur the postman

les éboueurs the dustmen

leurs étrennes their Christmas box

leurs vœux their (best) wishes

amis et connaissances friends and aquaintances

en forme de couronne crown-shaped

la fève the charm (like a sixpence in a Christmas pudding)

une vraie fève sèche a real dried broad bean

la couronne the crown

carton doré gold card

2 Write out in French the questions which are missing from the dialogue below. You should find all the vocabulary you need in the text you have just read. Start each question with one of these question phrases:

   Qui?   Qu'est-ce que?   Quand est-ce que?

(If you find this exercise too difficult, look at the jumbled-up questions in English in the box at the end of the *activité*.)

Écrivez les questions qui manquent dans le dialogue suivant. (Les réponses sont en anglais et dans le désordre dans l'encadré à la fin de l'activité. Regardez-les seulement si c'est nécessaire.)

(a) _____
   _____ ?

   Quelques minutes avant minuit.

(b) _____ ?

   On s'embrasse et on se souhaite la bonne année.

(c) _____
   _____ ?

   Des cartes de vœux.

(d) _____
   _____ ?

   La personne qui trouve la fève dans sa part de galette.

- What do the French send to their friends and acquaintances?
- What do you do on the dot of midnight?
- Who becomes the 'king' of the festivities on January 6?
- When do you open the bottles of champagne?

And now to a very popular genre in France: the cartoon strip (*la bande dessinée*), usually referred to as *la BD*, pronounced [bede]. The cartoonist Jacques Faizant often portrays ordinary French people (*les Français moyens*) and the banality of their conversation. The *BD* overleaf mocks the use of clichés in season's greetings. However, socializing in French is important, and you do need to know what people say or write to wish each other a Happy New Year!

JACQUES FAIZANT

Activité 52
1 0   M I N U T E S

1   Read the cartoon strip. Pay particular attention to the season's greetings in the first five pictures.

Lisez la bande dessinée. Remarquez les formules de bonne année des cinq premières vignettes.

2   You meet a friend, Mme Lejeune, in the street. There are two ways in which you could wish her and her husband a Happy New Year. Taking your cue from the first two pictures, jot both phrases down.

En imitant les deux premières vignettes, souhaitez la bonne année à Mme Lejeune et à son mari de deux façons différentes.

3   Here are two popular phrases from *cartes de vœux* (greetings cards), but the words have been jumbled up. Can you put them in the right order?

Voici deux autres formules utilisées couramment dans des cartes de voeux. Elles sont dans le désordre. Remettez-les dans l'ordre.

(a) nouvelle bonheur la Mes vœux année de meilleurs pour

(b) et sont vous tous santé ceux chers prospérité pour Bonheur qui vous

en passant ▶ ▶ ▶ ▶

Did you notice how often the two women use *bien* in the cartoon strip? *Bien* can be used to express agreement or emphasize a point.

* *Bien sûr/bien entendu.*
  Of course.

* *C'est bien vrai ce que vous dites là.*
  It's quite right what you say.

* *Vous avez bien raison.*
  You're absolutely right.

* *Je suis bien contente de vous avoir rencontrée.*
  I'm really glad I've met you.

▶ ▶ ▶ ▶

In the final *activité* in this section you're going to practise the imperfect and the use of *on* again, but this time in a more personal context. Try to incorporate the words and expressions you have learned as you've worked through the section: remember that it is more important at this stage to use language you know, even if it doesn't quite fit the circumstances, rather than be too adventurous. As you will have to tell your story in the imperfect, it might be a good idea to have another look at the *corrigé* for *Activité 50* before you begin.

If you have time, you may also want to listen to the Feature Cassette, where you can hear children singing a Christmas carol and talking about winter, and another poem by Prévert. This might help you recall memories of your childhood and inspire your writing!

Activité 53
3 0   M I N U T E S

Write a paragraph (between 80 and 100 words) about how you used to spend Christmas, New Year or another festival when you were a child. End with a brief comment on what you think about this festival now (you could use some of the expressions from *Activité 4* in Section 1, where you learned to express positive or negative reactions, or from *Activité 43* in this section).

Expliquez ce que vous faisiez pour la Noël, le Nouvel An ou une autre fête quand vous étiez petit(e). En conclusion, donnez votre opinion personnelle sur cette fête aujourd'hui.

Faites le bilan

When you have finished this section of the book, you should be able to:

- Recognize and pronounce the difference between the sounds [ɑ̃] and [ɔ̃] (*Activité 39*).

- Use *savoir* and *connaître* appropriately (*Activité 45*).

- Use the following expressions of time: *depuis la fin de, depuis le milieu de, à minuit, à midi, au début, au plus tard, vers* (*Activités 47* and *48*).

- Use *le* with a day of the month to express a date (*Activité 48*).

- Recognize and use the imperfect tense to give information about repeated actions or lasting states of affairs in the past (*Activités 49, 50* and *53*).

- Use New Year's greetings (*Activité 52*).

Vocabulaire à retenir

3.1 L'automne de Verlaine et de Prévert

célèbre

connu, e

un siècle

rencontrer

parfois

je me souviens

pleurer

je m'en vais

le bonheur

les paroles d'une chanson

au milieu d'une allée/d'un parc

3.2 Novembre

la Toussaint

un cimetière

un jour férié

la première guerre mondiale

tous les ans/tous les mois

chaque semaine/chaque année

célibataire

de nos jours

un spectacle

c'est scandaleux

je ne suis pas du tout d'accord

le lendemain

3.3 Noël

un sapin

une bûche

une cheminée

un plat

une coutume

une messe

un réveillon

une personne âgée

le personnel

3.4 Le Nouvel An et le jour des Rois

avant minuit

à minuit juste

souhaiter la bonne année à quelqu'un

mes meilleurs vœux pour la nouvelle année

une connaissance

une bande dessinée/une BD

un Français moyen, une Française moyenne

bien content, e

ainsi que

également

4 Le printemps

STUDY CHART

	Topic	Activity/timing	Audio/video	Key points
1 br 5 mins	4.1 Pâques	54 (10 mins)		Easter customs in France
		55 (15 mins)		Recognizing expressions of time
		56 (20 mins)		Using expressions of time
55 mins	4.2 Le premier mai	57 (15 mins)	Audio	May Day celebrations
		58 (20 mins)		
		59 (5 mins)	Video	Practising visual observation
		60 (15 mins)	Video	Listening for detail: the florist's day
1 br 50 mins	4.3 La fête des Mères	61 (10 mins)		Using question forms in the perfect tense
		62 (20 mins)	Audio	Listening for detail: gifts
		63 (10 mins)	Audio	Making suggestions
		64 (10 mins)	Audio	Wishing people well
		65 (5 mins)	Video	Listening for detail: the florist's takings
		66 (20 mins)		Section revision

*O*ur examination of the French year ends on a positive note with the spring when the festivals we look at all have a joyous feel to them. You'll read about the French consumption of Easter eggs and listen to one of our interviewees talking about the key events of *le premier mai* (May Day). *La fête des Mères* (Mother's Day) is widely celebrated in France. Jacqueline, the florist, explains the importance of the day to her, and then you will meet Liliane, a primary school teacher, who organizes various activities for her pupils in the run up to Mother's Day.

This section concentrates on vocabulary: you'll learn some more expressions of time, phrases for wishing people well and words associated with the various festivals. More important, though, is the advice we give you on how to acquire and retain new vocabulary.

4.1 Pâques

For some people in France Easter (*Pâques*) retains a religious significance; for many others it is an excuse to buy and give attractive chocolate eggs. *L'œuf de Pâques* is a short text about the origins of the Easter egg. You're going to use it to do some more work on expressions of time.

Activité 54

1 0   M I N U T E S

Read the passage once and work out its general meaning, using only the vocabulary given. Think how you would summarize the main ideas in English, but don't write anything down for the moment.

Lisez le passage une fois. Regardez le vocabulaire donné si vous en avez besoin. Résumez le texte en anglais mentalement.

L'œuf
de Pâques

On consomme chaque année en France, à l'occasion de Pâques, 5 000 tonnes de chocolat. Les confiseurs, pâtissiers, chocolatiers perpétuent ainsi une fort ancienne tradition. Il y a 5 000 ans déjà, les Perses s'offraient mutuellement des œufs de poule pour fêter le renouveau du printemps. En France, la consommation des œufs fut interdite pendant le carême par Louis XI. Ce n'est qu'après la grand-messe de Pâques qu'il était possible de les manger en omelettes ou en pâtés... Le plus gros œuf pondu pendant la Semaine Sainte revenait de plein droit au roi : on le lui offrait, simplement paré d'un ruban, rouge de préférence. L'œuf en chocolat a conservé ce ruban... La coutume voulait aussi que l'on apporte au roi, après la grand-messe de Pâques, des paniers d'œufs peints et dorés qu'il distribuait à ses courtisans. Bien vite, le peuple en fit autant...

(Grand Inventaire du génie français en 365 objets, 1990, p. 201)

Pour vous aider

s'offraient   used to give to each other

fut   was (this form is called the past historic and is used only when describing past events in formal writing)

interdite   forbidden

le carême   Lent

pondu   laid

la Semaine Sainte   Holy Week

la coutume   the custom

des paniers   baskets

le peuple en fit autant   the people did the same

Compliments, par Henriot.

— Il est joli, ton œuf, il te ressemble... Est-ce que tu as posé ?

Caricature parue dans *L'Almanach Vermot* 1901

Activité 55
15 MINUTES

1   Now that you've read through the text once for gist, read the following summary of it (note that this isn't a literal translation). Ignore the phrases in bold for the moment.

Lisez le résumé en anglais du texte.

> **Each year** in France people eat 5 000 metric tons of chocolate **at Easter time**. This tradition is very old. As early as **5 000 years ago**, the Persians used to give each other eggs to celebrate the arrival of spring. In France King Louis XI forbade the eating of eggs **during Lent**. People were permitted to eat them only **after the Easter high mass**. It was also customary to present the King with the biggest egg laid **during Holy Week**. A ribbon, preferably red, was tied around this egg. Nowadays chocolate eggs are still decorated with a ribbon. The King, in turn, would hand out painted and gilded eggs to his courtiers. **Very soon** ordinary people were doing just the same.

2   Re-read the French text (see previous page) and copy out the phrases corresponding to the expressions of time marked in bold in the English summary.

Trouvez dans le texte français les expressions de temps qui sont en gras dans le texte anglais. Copiez-les.

In France custom has it that church bells (*les cloches*) and not Easter bunnies drop Easter eggs into people's gardens for children to find. In the short passage below a mother explains how, when her children were still small, she followed the custom and hid chocolate eggs in the garden. This passage contains more examples of the imperfect tense used to describe something that used to happen; it will also help you revise the expressions of time you've been working on.

Activité 56
20 MINUTES

1   Read the text below then fill in the gaps with the correct expressions of time from the jumbled-up list in the box.

Lisez le texte et puis remplissez les trous avec les expressions de temps données dans l'encadré.

Il y a _____ huit ou dix ans, quand mes enfants étaient petits, j'achetais à l'occasion de Pâques beaucoup de petits œufs en chocolat et je les cachais dans le jardin. Pendant toute la matinée du dimanche, ils cherchaient ces œufs. On déjeunait vers midi, et après le déjeuner ils recommençaient à chercher. Mais ils ne les trouvaient pas tous! Et chaque année, jusqu' en automne, on retrouvait ici et là le papier doré des petits œufs trop bien cachés. Mais le chocolat n'était plus là, mangé depuis longtemps par les insectes et les oiseaux!

> après, Il y a, vers, chaque, à l'occasion de, en, quand, Pendant, depuis

2   *Maintenant traduisez ces phrases.*

   (a) On Sundays, when we were children, my mother used to prepare the meal during the whole morning. Then we had lunch at exactly twelve o'clock. And then we would spend the afternoon in the garden.

   (b) When she was a little girl my daughter used to find the sea warm enough at Easter and she would stay in the water for hours.

   (c) Ten years or so ago we would take the car to go to the town centre, but now it's impossible.

4.2 Le premier mai

May in France has three bank holidays. First there's *la fête du Travail* (May Day), which has been a bank holiday since 1947. Next, on May 8, it's *la fête de la Victoire*, which celebrates the end of World War II, and then *le jeudi de l'Ascension*.

La fête du Travail

In the audio extract you're about to listen to, M. Lefloës is asked to explain what the French do on May Day. You'll get plenty of help with the difficult parts of what he says. In *Activité 57* you should aim just to gain a general understanding of what is said and to pick out particular words that you recognize, rather than working on the whole extract in detail.

Activité 57

15 MINUTES

AUDIO 24

1   Listen to the audio extract once without looking at the transcript.

Écoutez l'extrait une première fois sans regarder la transcription.

2   Listen to the audio extract again, this time following the transcript below.

Ensuite réécoutez l'extrait en regardant la transcription ci-dessous.

> Hélène   Alors, le premier mai, qu'est-ce que les Français font, généralement?
>
> M. Lefloës   Le premier mai, ben, ils ne font _rien_, parce que c'est la _fête_ _du_ _travail_, et on fait rien du tout... Normalement, on ne _travaille_ pas. C'est la fête des _travailleurs_.
>
> Hélène   Y a des coutumes associées au premier mai?
>
> M. Lefloës   Oui, en général c'est... des manifestations dans Paris, c'est un petit peu les syndicats qui... qui se promènent, qui revendiquent, qui font une manifestation, gentille!

3   Listen to the extract again, stopping the tape as often as necessary, and complete the transcript by filling in the missing words.

Réécoutez la cassette autant de fois que vous voulez et complétez la transcription ci-dessus.

4   What do you make of the last paragraph of the dialogue? (You saw *manifestation* in Section 2, page 28, and *un syndicat* is a trade union.) Can you guess what M. Lefloës means by *se promènent*, *revendiquent* and *gentille*?

Quel est le sens du dernier paragraphe?

Building up your vocabulary

Here are two possible ways to build up your vocabulary.

1   Around families of words

The three words *travail, travailler, travailleur* provide a good example of
how to build up vocabulary in your dossier. Write *travail* in the centre of the
page. Then start 'collecting' words and phrases of the same family all around
it, arranging them by categories, for example noun (singular and plural),
verb, adjective, etc., or in whatever way is easiest for you to remember. You
can start now with the help of your dictionary and then add to your list as
you come across more words.

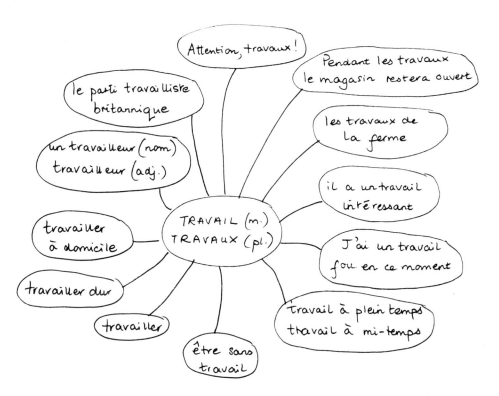

2   Around themes

You may be interested in a particular topic for professional or other reasons.
If so, it's a good idea to start 'collecting' vocabulary around that theme.
Suppose you want to build up vocabulary to be able to talk about the
relationships between employers and employees: use your dictionary to build
around the three words *revendiquer*, *syndicat* and *manifestation* from the
previous audio extract. Overleaf is an example of what you could come up
with (this time presented in a more discursive way).

REVENDIQUER

Usually means to put forward a claim. In the case of a demonstration would mean to demand. <u>Journée de revendication</u> is a day of protest.

UN SYNDICAT

A trade union. <u>Se syndiquer</u> is to join a trade union, hence <u>Syndiqué</u> means belonging to a trade union. <u>Syndicat d'initiative</u> is a tourist office.

UNE MANIFESTATION

Demonstration. Also means a gathering: <u>une manifestation patriotique</u> (a gathering to celebrate some national event); <u>une manifestation sportive</u> (a sporting event). Informally called <u>une manif</u>, by same process of abbreviation which turns demonstration into demo.

Then you could look up and list words around the same theme:

> the employer   *le patron, la patronne*
>
> the employers   *le patronat* (used collectively)
>
> the shop-steward   *le délégué syndical, la déléguée syndicale*

Le brin de muguet

For the French, May Day is also an occasion to show affection to their family and friends, as the following passage illustrates.

Activité 58
2 0   M I N U T E S

1   *Lisez le passage suivant.*

Porte-bonheur pour le portefeuille

En France le muguet, cette petite plante aux clochettes parfumées qui vient du Japon, est un porte-bonheur; c'est le symbole de la vie qui recommence au printemps, de la mauvaise saison qui finit, et on l'offre traditionnellement le jour du premier mai. Une visite chez des parents ou des amis le premier mai? On apporte un brin de muguet. Pour ceux qui sont loin, il y a même des cartes de vœux représentant un brin de muguet.

La région nantaise assure 85% de la production de muguet. Les producteurs utilisent le sable de la Loire pour créer un sol parfait pour cette délicate fleurette. Mais la culture du muguet demande un grand investissement de temps. C'est une fleur qui a un cycle de quatre à cinq ans, et on n'a pas de beau muguet les deux premières années. On arrive pourtant à vendre 60 millions de brins le premier mai.

Le premier mai est donc une véritable aubaine pour les producteurs et les fleuristes! Mais aussi pour les enfants, qui vont cueillir le muguet dans les bois et le vendent dans les rues pour se faire un peu d'argent de poche. Car, ce jour-là uniquement, la loi permet à tout le monde de vendre du muguet sur la voie publique. Après tout, c'est aussi la fête du Travail!

Pour vous aider

un porte-bonheur   a lucky charm (here something that brings happiness and good luck)

un brin de muguet   a sprig of lily of the valley

assure   accounts for

une véritable aubaine   a real godsend

cueillir   to pick

les bois   the woods

argent de poche   pocket money

la loi   the law

la voie publique   the public highway

2   Write about sixty words in English explaining the title of the passage.

Quel est le sens du titre? Expliquez-le en anglais.

4.3 La fête des Mères

In this topic you're going to see and hear how a variety of people prepare for Mother's Day.

Préparations chez la fleuriste

We begin with Jacqueline, who talks about how she prepares for what is one of the busiest days of the year in her shop. As you watch the video sequence for the first time, concentrate on observing Jacqueline and her surroundings rather than on what is being said.

Des fleurs pour la fête des Mères

Activité 59

5 MINUTES

V I D E O

Read the list below, then watch the video sequence (11:48–13:54) and tick off the things that you see inside the florist's.

Lisez la liste ci-dessous. Ensuite regardez la séquence vidéo et cochez les cases correspondant aux choses que vous voyez à l'intérieur du magasin.

1	des clients	☐
2	des chapeaux accrochés au mur	☑
3	des bûches	☐
4	des ciseaux	☑

5   des paniers   ☑

6   une chaise   ☐

7   une bouteille d'eau minérale   ☑

8   des vases   ☑

9   des chaussures   ☐

10 un téléphone   ☐

Jacqueline starts by explaining that in France *la fête des Mères* usually falls on either the last Sunday of May or the first Sunday of June. She says that the date differs in other European countries because of the constraints of producing so many flowers.

Activité 60

1 5   M I N U T E S

V I D E O

1   Watch the sequence again (11:48–13:54), this time concentrating on what people are saying. Do not look at the transcript.

Regardez de nouveau la séquence sans lire la transcription.

2   Now read the transcript below. You will work on the passages in brackets in step 3 of this *activité*.

Maintenant lisez la transcription ci-dessous.

Hélène	(What happens in the shop), dès le matin, pour la fête des Mères? (Is there a lot of work?)
Jacqueline	Oui, énormément de travail pour la fête des Mères: (it starts on the Friday) d'avant la fête des Mères.
Hélène	Les gens viennent vous commander des choses dès le vendredi qui précède le dimanche?
Jacqueline	Pour la fête des Mères, oui. Et même des fois (a fortnight before) pour ne pas être dans la panique avec les gens qui affluent au magasin. On arrange tout le magasin, on met des gros vases de fleurs, on fait beaucoup de présentation et le système Interflora, d'une ville à l'autre ou (from one department to the other), fonctionne énormément!

Pour vous aider

dès le matin   from the morning onwards

dès le vendredi qui précède le dimanche   from the Friday before the Sunday

affluent au magasin   flock to the shop

fonctionne énormément   is very busy (literally 'works a lot')

3   Translate the words in brackets into French. You should be able to do so without having to listen to the dialogue again.

Traduisez les parties du dialogue qui sont entre parenthèses.

4   *Énormément de travail* means 'lots of work'. List the other three expressions you have learned which also mean 'lots'. To help you, we have given you the context in which you saw them.

Vous avez appris l'expression de quantité 'énormément de'. Écrivez trois synonymes de cette expression.

(a) Il y a _____ _____ _____ mouches sur cette plage.

(b) J'ai _____ _____ _____ problèmes en ce moment.

(c) Il y a _____ _____ monde à la terrasse des cafés.

5   Jacqueline expects to be very busy on Mother's Day. Explain why in English.

Jacqueline pense qu'elle sera très occupée le jour de la fête des Mères. Expliquez pourquoi en anglais.

Cadeaux et invitations

The day before Mother's Day we stopped some people in the street and asked them what they had bought and what their plans were. As you work through these interviews on your Activities Cassette, you will be revising question forms and the perfect tense.

Activité 61

10 MINUTES

1   Translate the three questions below into French. Remember that there is just one French tense, *le passé composé,* for the two possibilities 'Have you done?' and 'Did you do?' in English (see *Activité 27* if you need a reminder).

Traduisez en français les trois questions que nous avons posées aux personnes interviewées dans la rue.

(a) Tomorrow is Mother's Day. What have you bought?

(b) Have you bought something for your mother?

(c) Last year what did they give you?

2   After checking your answers in the *corrigé,* say them aloud or record them.

Vérifiez vos réponses puis dites-les à haute voix ou enregistrez-les.

Activité 62

20 MINUTES

Now listen to the three interviews on your Activities Cassette. (Listen in particular to the three questions you've just been working on.) Then choose which of the sentences below best sum up what you hear the people say (you may need to choose more than one sentence per interview). Read through the sentences before you start, as this will give you some idea about the possible content of the interviews.

Écoutez l'extrait. Pour chaque interview, choisissez la phrase ou les phrases qui résument bien ce que les gens ont dit.

Interview 1

1　The woman has not bought anything yet. She wants to think about it a bit more.

2　The woman thinks that she knows what she wants, but has not bought it yet.

Interview 2

1　The man will be taking his mother and family to a restaurant for Mother's Day.

2　The man will be taking his wife and children to a restaurant for Mother's Day.

3　They are going to an ordinary restaurant.

4　They are going to a gourmet restaurant.

Interview 3

1　The woman is going to get together with her children and her grandchildren (the three generations).

2　The woman is going to get together with some friends of her own generation.

3　Last year her family gave her a piece of jewellery and something for the house.

4　She cannot for the life of her remember what they got her last year.

Pour vous aider

réfléchir　to think

encore　some more

ne ... plus　no ... longer

une récompense　a reward

plutôt que　rather than

n'étant pas moi-même grand cuisinier　not being a great cook myself

goûter　to taste

une question-piège　a trick question

un bijou　a piece of jewellery

Making suggestions to jog the memory

When the woman in the third interview makes it clear that she doesn't remember what she was given for Mother's Day the previous year, the interviewer tries to jog her memory by suggesting some possibilities:

> *C'était un bijou peut-être?*
> Was it a piece of jewellery perhaps?
>
> *Quelque chose pour la maison?*
> Something for the house?

Note that the intonation alone makes these into questions. In the second question the *c'était* is understood, so does not need to be repeated.

Activité 63
10 MINUTES
AUDIO 25

1 Play the end of Audio Extract 25 again and repeat the two questions at the end, imitating the interviewer's intonation as she makes suggestions to jog the memory.

   Écoutez de nouveau la fin de l'interview et essayez de répéter les deux questions. Imitez bien l'intonation.

2 Make up a few similar questions that the interviewer could have asked the woman if she still did not remember what the present was. Say them aloud and try to get the right intonation. Use the sentences below as a guide.

   Imaginez d'autres questions en suivant les deux modèles.

   – C'était un/une _____ peut-être? (*or* C'étaient des

   _____ ?)

   – Quelque chose pour le/la _____ ?

Wishing people well

At the end of the second interview the interviewer says *'Bonne fête pour demain!'* (Enjoy Mother's day tomorrow!) We have so far come across *Bonne fête* and *Bonne année*. For Christmas, New Year or Easter, which usually involve a few days' holiday, it is customary to use *Bonnes fêtes* in the plural:

> *Bonnes fêtes de Noël!*
>
> *Bonnes fêtes de fin d'année!*
>
> *Bonnes fêtes de Pâques!*

There are, of course, many other expressions with *bon* or *bonne*:

> *Bonne journée!*   Have a good day!

Bon séjour!   Enjoy your stay!

Bon voyage!   Have a good journey!

Bonne soirée!   Enjoy your evening!

Bonne nuit!   Sleep well!

Bonne chance!   Good luck!

With masculine nouns beginning with a vowel the final 'n' in *bon,* normally pronounced [bɔ̃], runs into the vowel which follows, and *bon* is pronounced just like *bonne* [bɔn]. This is another example of liaison (see Section 1, page 22).

Bon appétit!   Enjoy your meal! [bɔnapeti]

Bon après-midi!   Enjoy your afternoon! [bɔnapʀɛmidi]

Bon anniversaire!   Happy birthday! [bɔnanivɛʀsɛʀ]

To all these you can simply reply *'Merci beaucoup'* or you can be extremely polite, like the man on the tape, and say *'Je vous remercie infiniment'* (literally 'infinitely').

In the next *activité* you'll practise using *bon* and *bonne* when wishing somebody well.

Activité 64
10 MINUTES

AUDIO 26

Listen to the people in the audio extract telling you what they are going to do. Wish them well using one of the expressions seen above.

Différentes personnes vous disent ce qu'elles vont faire. Pour répondre, utilisez une expression commençant par 'bon' ou 'bonne'. Par exemple:

You hear   Je vais jouer au tennis cet après-midi.

You answer   Bon après-midi!

À la maternelle

This next video sequence (13:57–16:33) was filmed in a nursery school (*une maternelle*) where Liliane, the teacher, is helping the children to make cards for their mothers. There are no *activités* associated with this video sequence, but if you have time do watch it as it gives you a different picture of the preparations for *la fête des Mères* and will give you an idea of what nursery schools are like in France. We have provided some vocabulary help and the transcript should prove useful too.

Pour vous aider

un petit dessin   a little drawing

autour de chaque gommette   around each sticker

il y a une petite place   there's a seat (literally, a little space)

tout à l'heure   in a minute

un petit nœud   a little bow

en passant ▸ ▸ ▸ ▸

We mentioned earlier that a statement can be made into a question in French simply by using a questioning intonation, without changing the word order at all. There is an interesting example of this in the *À la maternelle* video sequence. Liliane says *'Ça y est? Ça y est'*, which might loosely be translated as 'Have you finished? Yes, see, it's finished'. Both phrases are pronounced the same [sɑjɛ], but the first *ça y est* is a question so Liliane's voice rises at the end, while the second is a statement so her voice drops slightly.

Ça y est?   Ça y est.

The French use the expression *ça y est* in many different contexts. Here is another example:

La dame impatiente   Alors, ça y est? Tu es prête?

Son amie   Ça y est, ça y est, je viens!

▸   ▸   ▸   ▸

Jour de fête pour les mamans

For the next video sequence (16:37–18:13) we interviewed three people outside Jacqueline's florist shop on Mother's Day. They say what they have bought and who they are going to give it to. Again, there are no specific *activités* associated with this sequence, so just watch it for pleasure. You should be able to follow quite a lot by now. If you do have the time, and want to study these interviews in more depth, you could work on them in the ways suggested in your Study Guide. You will find the third interview (17:39–18:13) particularly useful for revising question forms.

Pour vous aider

un service à foie gras   a flat serving knife and a cutting knife specially designed to serve *foie gras*, a very rich pâté made from fattened goose or duck liver (similarly, *un service à thé* is a tea set, and *un service à café* is a coffee set)

des œillets   carnations

Fin de journée

Earlier you saw Jacqueline, the florist, discussing the preparations for *la fête des Mères* and saying that she was expecting a lot of work. We went back to her at the end of the day to see how things had gone.

Activité 65

5   MINUTES

Watch the *Fin de journée* video sequence (18:15–19:27). Concentrate on understanding the gist of what Jacqueline is saying rather than trying to understand everything. There are several words that give you clues to whether or not it was a good day for her business. Can you spot what they are?

Regardez la séquence vidéo. Est-ce que cela a été une bonne fête des Mères pour la fleuriste cette année?

The last *activité* in this section is a revision exercise in which we ask you to draw on what you have learned throughout this book. Before you start it, it would be a good idea to go back over those areas which you still feel unsure about.

Activité 66

20   MINUTES

1   Here is an extract from a short story written by someone who spent some time in France around Mother's Day. The sentences have been jumbled up. Put them in the right order.

Remettez dans l'ordre les phrases de cette histoire.

(a) Le dimanche matin, nous sommes allés chez la fleuriste

(b) L'année dernière, je suis allée à Nantes,

(c) Dès le vendredi, nous avons fait des courses

(d) en France, au mois de juin

(e) et moi je n'aime pas tellement ça.

(f) pour acheter des cadeaux.

(g) Il y avait un tas de gens dans les magasins,

(h) mais nous n'avons rien trouvé.

(i) et j'ai passé la fête des Mères avec des amis français.

(j) et nous avons choisi un bouquet superbe.

(k) Nous avons beaucoup cherché,

2   Now finish the story yourself in about fifty words. Try to incorporate the expressions that you have learned in this book.

Et maintenant, écrivez une fin à cette histoire.

Remember you can listen to the Feature Cassette if you want to know more about spring in France. It would also be a good idea to watch all the video sequences for this section again to revise what you have learned and see how much more you can understand.

Faites le bilan

When you have finished this section of the book, you should be able to:

*   Understand and use the following expressions of time: *à l'occasion de, il y a, pendant, dès* (*Activités 55* and *56*).

*   Make simple suggestions orally, using appropriate intonation (*Activité 63*).

*   Use *bon* and *bonne* to wish someone well, and pronounce them correctly (*Activité 64*).

Vocabulaire à retenir

4.1 Pâques

interdit, e

il y a quatre mille ans/il y a deux cents ans

une cloche

un œuf en chocolat

pendant toute la matinée/la soirée

depuis longtemps

4.2 Le premier mai

la fête du Travail

rien du tout

un travailleur, une travailleuse

un syndicat

revendiquer

j'ai un travail fou

un travail à plein temps/à mi-temps

un patron, une patronne

un porte-bonheur

l'argent de poche

4.3 La fête des Mères

dès le matin/dès le vendredi

des fois

quelquefois

quinze jours avant/une semaine avant

énormément de travail/de fleurs

je vais réfléchir

une récompense

tout le monde

un restaurant gastronomique

un bijou

bon après-midi!

bonne journée!

bonne soirée!

bonne chance!

bon anniversaire!

je vous remercie

Corrigés

Section 1

Activité 1

All the statements are true except:

(d) It is not very windy (*Il ne fait pas beaucoup de vent*).

(e) Nobody is windsurfing (*Personne ne fait de planche à voile*). Marie-Thérèse explains that this is restricted to another beach.

(g) Nobody plays volleyball on the beach (*Personne ne joue au volley sur la plage*).

(j) Nobody plays football on the beach (*Personne ne joue au football sur la plage*).

(k) Marie-Thérèse is not eating an ice-cream (*Marie-Thérèse ne mange pas de glace*).

(o) Vincent is not wearing a sunhat (*Vincent ne porte pas de chapeau de soleil*).

Activité 2

(a) 1936

(b) Au moins cinq.

(c) Quand il fait beau.

(d) Deux personnes.

(e) Ils sont très peu dangereux.

(f) Selon les deux hommes, les trois désavantages de cette plage sont: il y a pas mal de mouches; il y a trop d'algues au bord de l'eau; il y a trop de monde sur la plage.

Activité 3

1 The adjectives which show Valérie's enthusiasm are shown in bold.

Chère Évelyne,

La plage est **superbe**, le soleil brille, il n'y a pas trop de vent, le paysage est **magnifique**. Le club pour les enfants est bien **pratique**! Je me bronze et Philippe pêche. C'est **merveilleux**!

Toutes mes amitiés
Valérie

Chers Julien et Alice,

Le camping est très **joli** et la plage très très **belle**. Il fait **beau**, la mer est **bonne** [here *bonne* means the sea is at a pleasant temperature] et Pascale et Éric se baignent tous les jours. Il y a un club pour les petits aussi et les jeux ne sont pas dangereux. Les beignets et les glaces vendus sur la plage sont **délicieux**. Ce sont les vacances **idéales**!

Bonjour à votre maman
Grosses bises
Valérie

2 Philippe's completed postcard should read as follows:

Cher Marc,

Ce sont nos derniers jours de vacances. Valérie et les enfants sont tristes, mais moi je suis vraiment **content** de rentrer à la maison! Je n'aime **pas tellement** cette plage: il y a **pas mal** de **mouches**, trop **de monde** sur la plage, beaucoup trop de **bruit** (Oh là là, les enfants et les transistors!) et il n'y a **pas assez** de vent pour faire de la planche à voile. Et puis, il **fait** trop **chaud**: 36 degrés à l'ombre!

Ah, la climatisation au bureau!

À bientôt
Philippe

Activité 4

2 Here are two examples of the sorts of thing you could write. We have used bold type to highlight the expressions of quantity followed by *de* and a noun.

Chère Laurence,

C'est mon dernier jour de vacances et je suis triste de rentrer à la maison. La Côte d'Amour est superbe. Il fait beau et il ne fait pas trop chaud. Il y a bien sûr **beaucoup trop de monde** et **beaucoup de bruit** – je n'aime pas tellement ça – mais c'est le mois d'août après tout. Les gens ne jouent pas au football sur la plage, ça c'est bien! La mer est bonne et mes deux enfants se baignent beaucoup.

Bons baisers

Chers Michel et Jeanne,

Il fait beau ici, mais il y a **trop de mouches**! Il y a **pas mal d'algues**. Alors ma femme ne se baigne pas, mais elle fait de la planche à voile parce qu'il fait **assez de vent**. Moi, je lis et je surveille les enfants. Il y a aussi un club pour les petits. C'est pratique. Deux personnes organisent les jeux (ils sont très peu dangereux). Ils vendent des beignets délicieux sur la plage!

Toutes mes amitiés

Activité 5

Véronique and her husband take their holidays in June (*Nous prenons le mois de juin*) because July and August are impossible. They have specialities such as the *pâté aux prunes* to make then. Jacqueline takes her holidays in August (*toujours au mois d'août*) because it is the quietest month for florists (*c'est le mois le plus calme chez les fleuristes*). Colette prefers to take her holidays in winter (*moi, je les prends l'hiver parce que je préfère*).

Activité 7

– Pourquoi est-ce que vous partez en vacances au printemps?
– (Because you prefer to do so.)
– Parce que je préfère.

– Pourquoi est-ce que vous partez en vacances en juin, vous et votre ami(e)?

– (Because July and August seem impossible to you.)

– Parce que juillet et août, ça nous paraît impossible.

– Pourquoi prenez-vous vos vacances en juillet?

– (Because July is convenient, the children are on holiday.)

– Parce que juillet c'est pratique, les enfants sont en vacances.

– Pourquoi prenez-vous vos vacances en juin?

– (Because it seems impossible to you in August.)

– Parce que ça me paraît impossible au mois d'août.*

– Mais pourquoi?

– (Because there are too many people on the beaches.)

– Parce qu'il y a trop de monde sur les plages.

– Pourquoi est-ce que tu ne pars pas en vacances cette année?

– (It's out of the question, you have too much work.)

– C'est hors de question, j'ai trop de travail!

* You could also have answered *'Parce que ça me paraît impossible en août.'*

Activité 8

1 The socialists won the elections for the first time (*les socialistes gagnent les élections pour la première fois*).

2 Léon Blum.

3 They were entitled to paid holidays (*les salariés... ont droit aux congés payés pour la première fois*).

4 The fact that school holidays are planned at different dates in different regions of France (*les dates des vacances scolaires varient selon la région*).

5 Because a lot of people still leave for their holidays, or come back, on that day (*beaucoup de gens font 'le pont'... partent et reviennent ce jour-là*).

6 (a) Growing unemployment (*la montée du chômage*) means some families do not have enough money to go on holiday.

   (b) Some professions, for example farmers (*les agriculteurs*), can't easily take holidays.

7 People go away for shorter periods than in the past (*moins de temps qu'autrefois*).

8 Some people now prefer activity or special interest holidays to the traditional seaside holiday. They go on short training courses in music or photography (*des stages culturels*) or they learn a new sport (*ils apprennent à pratiquer un sport*).

Activité 9

1

en %			en %
6,5	Îles Britanniques	Pays-Bas	**2,8**
0,6	Canada	Scandinavie	0,8
1,9	États-Unis	Belgique	**11,9**
0,6	Amérique du Sud et Centrale	Allemagne	**12,4**
0,8	Non déclaré	Europe Orientale	3,3
23,5	Péninsule Ibérique	Autriche	1,8
3,4	Afrique (hors Maghreb)	Suisse	10,4
5,9	Maghreb	Asie et Océanie	2,2
10,4	Italie	Grèce	**1,3**

Les destinations étrangères les plus fréquentées par les Français sont l'Espagne et le Portugal qui représentent **23,5%** des départs. L'attraction principale est évidemment le soleil. L'Allemagne, qui reçoit **12,4%** des vacanciers, la Belgique, **11,9%**, la Suisse et l'Italie, chacune accueillant **10,4%** des départs, constituent d'autres destinations importantes.

Les îles Britanniques, **6,5%**, les Pays-Bas, **2,8%**, et la Grèce qui représente **1,3%**, sont moins recherchés. Le voyage vers des destinations plus lointaines est, bien sûr, beaucoup plus cher et par conséquent les État-Unis n'attirent que **1,9%** et le Canada seulement **0,6%** des Français partant à l'étranger.

Activité 10

The definite article (*le, la* or *les*) is used in French when talking about countries. In English this happens in only a very small number of cases, for example the Netherlands or the Gambia.

Activité 11

1 le Japon; 2 le Canada; 3 le Maroc; 4 le Portugal; 5 le Danemark.

Note that in *à l'est de, est* is pronounced [ɛst]. This is very different from *il est*, where *est* is pronounced [ɛ].

Activité 12

1   J'habite **en** Écosse, près d'Édimbourg.

2   Tu restes **en** France cet été? Tu ne vas pas à l'étranger?

3   Je suis **en** Allemagne la semaine prochaine pour mon travail.

4   Nous allons **en** Suisse en février.

5   J'habite **en** Angleterre, juste au sud de Londres.

6   Il va **au** Portugal pour Pâques.

7   Nous habitons **en** Irlande, près de Dublin.

8   Elles sont **aux** États-Unis en ce moment.

9   Il ne part pas. Il reste **au** pays de Galles pour les vacances.

10   Au printemps, je vais **au** Maroc.

Activité 13   The liaisons you could hear are shown below (we have given you the phonetic transcriptions for interest):

en Écosse [ãnekɔs]

en Allemagne [ãnalmaɲ]

en Angleterre [ãnãglətɛr]

en Irlande [ãnirlãd]

aux États-Unis [ozetazyni]

Activité 14   Here is a possible answer:

D'habitude, nous partons en Espagne ou en Grèce pour les vacances. Nous prenons généralement nos vacances vers la mi-juin, ou bien au mois de septembre parce que je préfère: il ne fait pas aussi chaud et il n'y a pas trop de monde sur les plages.

Activité 15   This is what you might have said:

–   Cette année, je vais en France.

–   Je prends mes vacances au mois de juillet.

–   Août et septembre, ça me paraît impossible parce que j'ai mes examens en octobre.

Section 2

Activité 17   The questions were formulated like this:

1   Comment fête-t-on le quatorze juillet dans une commune comme Le Lion d'Angers?

2   Comment ça se passe?

3   Ça commence à quelle heure?

Activité 19

2 (a) Ça marche comment?

(b) Ça se passe comment?

(c) Tu y vas pourquoi?

Activité 21

1 The question words (shown here in bold type) occur at either the beginning or the end of the sentences.

(a) *La manifestation patriotique a lieu **où et quand**?*
When and where does the parade of military and officials take place?

(b) *Et le défilé, ça se passe **à quelle heure**?*
What about the parade? At what time does it take place?

(c) ***Pourquoi** est-ce que le défilé des enfants s'appelle 'une retraite aux flambeaux'?*
Why is the children's parade called a 'retraite aux flambeaux'?

(d) *Et **quand** est-ce qu'on tire le feu d'artifice?*
And when do they set off the fireworks?

(e) *Le bal public, ça a lieu **à quel moment**?*
When does the dance take place?

(f) *Et ça se termine **quand**?*
And when does it end?

2 When you repeated the questions, you may have noticed that (a), (d) and (f) had a rising intonation at the end.

Activité 22

(a) Elle se passe **sur la place publique, le matin** (in the main square, in the morning).

(b) Le défilé a lieu **dans la soirée** (in the evening).

(c) Parce que **les enfants tiennent des lumières, des bougies** (they hold lights, candles).

(d) Quand **la nuit commence à tomber** (when night begins to fall).

(e) **Après le feu d'artifice** (after the fireworks).

(f) Ça se termine souvent **très tard le soir, souvent le matin** (it often ends very late at night, often the next morning).

Activité 23

1 Jackie says *'Est-ce qu'il y a beaucoup de monde dans les rues, le quatorze juillet?'* As *est-ce que* is optional, he could have said *'Il y a beaucoup de monde dans les rues, le quatorze juillet?'*

2 (b) L'an dernier il y avait au moins deux mille à deux mille cinq cents personnes dans les rues (last year there were at least 2 000 to 2 500 people in the streets).

Activité 24

1 Quand est-ce que vous prenez vos vacances?
Vous prenez vos vacances quand? (more informal)
Quand prenez-vous vos vacances? (more formal)

2 En général, où est-ce que les Français passent leurs vacances?
En général, les Français passent leurs vacances où? (more informal)
En général, où les Français passent-ils leurs vacances? (more formal)

3 Comment est-ce qu'il va au Danemark?
Il va au Danemark comment? (more informal)
Comment va-t-il au Danemark? (more formal)

Activité 25

1 Juge d'instruction.

2 Directrice (feminine form of *directeur*) de l'information de TF1 (a TV channel).

3 Acteur. Jean-Pierre Marielle is a multi-talented actor, famous both for his comic and dramatic roles.

4 Chanteur. Michel Sardou is a pop singer/crooner well liked by all generations. He started his career in 1970 with *un tube* (a hit), '*Les Bals Populaires*'.

5 Pilote d'essai. Jacqueline Auriol, whose motto was *Vivre pour voler* (live to fly), beat the women's world record in 1951 in her jet '*Vampire*', reaching a speed of 818 km/h.

6 Photographe (note that 'a photograph' is *une photo*).

7 Ancien ministre de l'Intérieur.

8 Ancien garde des Sceaux (literally, the Keeper of the Seals).

9 PDG (which stands for *Président Directeur Général*).

Activité 26

– **Did you see** the fireworks?

– No, **I had to** stay at home with the children. So **I read**. What about you, **did you enjoy** the dance?

– Yes, a lot, but I **could not** dance for long because **I had too much to drink**! And then, around one in the morning, **it rained**!

Activité 27

1 Elle a eu la Légion d'honneur quand? (Also possible: Quand a-t-elle eu la Légion d'honneur?/Quand est-ce qu'elle a eu la Légion d'honneur?)

2 Il a refusé la distinction? (Also possible: A-t-il refusé la distinction?/Est-ce qu'il a refusé la distinction?)

3 Vous avez ouvert les fenêtres ce matin. Maintenant il fait trop froid ici. (Also possible: Avez-vous ouvert les fenêtres ce matin?/Est-ce que vous avez ouvert les fenêtres ce matin?)

4 Vous avez entendu ce que j'ai dit? (Also possible: Avez-vous entendu ce que j'ai dit?/Est-ce que vous avez entendu ce que j'ai dit?) Pierre a dû aller au Maroc pour son travail.

5 Vous avez appris l'allemand pour aller en Allemagne? (Also possible: Avez-vous appris l'allemand pour aller en Allemagne?/Est-ce que vous avez appris l'allemand pour aller en Allemagne?)

6 – Quand avez-vous écrit à vos cousins? (Also possible: Quand est-ce que vous avez écrit à vos cousins?/Vous avez écrit quand à vos cousins?)

– Vers la mi-juin, mais ils n'ont pas répondu.

7 L'année dernière, elle a eu un tas de problèmes avec son dos. Elle a beaucoup souffert? (Also possible: A-t-elle beaucoup souffert?/Est-ce qu'elle a beaucoup souffert?)

8 – Tu as eu des nouvelles de tes parents? (Also possible: As-tu eu des nouvelles?/Est-ce que tu as eu des nouvelles?)

– J'ai reçu une lettre hier.

Activité 29

1 Jacqueline is wearing a black T-shirt.

2 Pierre is wearing sun-glasses.

3 Jean-Paul is rather stout.

4 Both Jacqueline and Véronique are in their shops.

5 Véronique's glasses have a red frame.

6 Vincent is sitting beside a pink and blue sunshade.

7 Pierre is wearing a blue shirt.

8 Roger has a moustache.

9 There is a lady and a little girl on the left behind Pierre.

10 Jacqueline has short blond hair.

11 Jacqueline is wearing big earrings.

12 Thierry has his jumper around his shoulders.

13 You can see the rocks and the villas behind Pierre.

14 There is a boy in bermuda shorts standing by the water behind Vincent.

15 Thierry is in his twenties.

16 Marc is wearing glasses (*de vue* indicates they are for sight correction).

Activité 30

1 C'est une jeune femme d'une trentaine d'années.

2 Je connais une demi-douzaine de personnes ici, c'est tout.

3 Vous êtes en vacances pendant la première ou la deuxième quinzaine de juin?

4 Plusieurs centaines de personnes vont au bal ce soir.

5 Mes chanteurs français préférés ont maintenant une soixantaine d'années. (Also possible: mes chanteurs français favoris.)

Activité 31 Pierre (c), (f), (h); Vincent (a), (b).

Pierre says about the dance *'le bal... je ne sais pas'* and Vincent does not mention it at all. Neither of them says (d) (e) or (i).

Activité 32

Here is the message which you should have written and then left on the answering machine.

> Cher Christian,
>
> Demain, on va sûrement au défilé. Et les enfants vont sans doute venir avec nous. On ne va pas prendre la voiture pour aller dans le centre. On a écouté la météo, il ne va pas pleuvoir. On va peut-être prendre un verre sur les Champs-Élysées après le défilé. Et vous, qu'est-ce que vous allez faire? Appelez-nous ce soir quand vous rentrez à la maison.

Activité 33

1 Thierry; 2 Roger; 3 Marc.

Activité 34

4 200 soldiers on the Champs-Elysées. 4 200 men and women formed the traditional July 14 procession from the Arc de Triomphe to Concorde. They went on foot, on horseback, by motorbike and in armoured vehicles, aeroplanes and helicopters. The parade ended with a rendition of the 200-year-old Marseillaise, performed by 500 singers from the three armed forces.

Activité 35

Sentences (d), (f) and (j) do not describe the scene correctly.

(d) Il n'y a pas de vieux monsieur qui danse avec une petite fille.

(f) Ce n'est pas une soirée calme pour les garçons de café: ils ont beaucoup de travail le soir du quatorze juillet.

(j) Le bal n'est pas réservé aux grandes personnes: on voit des enfants qui dansent aussi.

Activité 36

1

Petit garçon	Tu as vu le feu d'artifice?
Petite fille	Non, mais j'ai fait la retraite aux flambeaux. (She didn't see the fireworks but she took part in the torch-light procession.)
Jeune homme	Il se termine quand, le bal?
Jeune fille	Je ne sais pas. Je n'ai pas lu le programme. (She doesn't know when the dance ends. She hasn't read the programme.)
Un homme du groupe	Comment est-ce que tu rentres à la maison?
Un autre homme	À pied. J'ai trop bu pour conduire. (He's going to walk home. He's had too much to drink to be able to drive.)
Un musicien	L'année dernière, il y avait moins de monde.
Un autre musicien	C'est parce que l'année dernière, il a plu. (There were fewer people last year because it rained.)

2 The infinitives are *boire, pleuvoir, lire* and *faire*.

Activité 37

Here are examples of what the people might say. Examples of the perfect tense and of question forms are in bold type.

Les boulangers au bal

Elle dit	Je suis fatiguée! **Ça se termine quand**, le bal? **Je n'ai pas lu** le programme.
Il répond	Tu es fatiguée parce qu'**on a beaucoup travaillé**. Enfin, cette année, **on a vendu** un tas de pains!

Le garçon de café

Il pense	L'année dernière, il y avait moins de monde. C'est parce qu'**il a plu**.

Les enfants de Vincent

La petite fille dit	Je trouve que le feu d'artifice est vraiment joli. **Tu as vu le défilé?**
Le petit garçon répond	**Je n'ai pas vu** le défilé, **je n'ai pas pu**, j'ai dû rester à la maison.

La vieille dame et son fils

Elle pense	Je suis vraiment contente. **Ça m'a beaucoup plu**, le bal. Mais rentrer à pied, quelle idée!
Son fils pense	Il y a un tas de gens qui prennent la voiture pour aller dans le centre. C'est stupide. Le quatorze juillet, je préfère rentrer à la maison à pied, c'est plus rapide.

Vous et votre ami

Vous dites	**Ça ne m'a pas plu**, le défilé. C'est trop militaire.
Votre ami répond	C'est trop long aussi et il y a trop de monde. **On va prendre un petit verre?**

Section 3

Activité 42

In the old days one of the bride's girlfriends would prepare the bride's head-dress. This would bring the girlfriend luck and she would find a husband within the year. As Saint Catherine never married, a woman of twenty-five who was unmarried was said to be waiting to prepare Saint Catherine's head-dress. Nowadays, the *Catherinettes* are given a hat decorated with objects reflecting their personality. For example, if the young woman likes nature, her hat will be decorated with fruit, flowers and birds. As Saint Catherine is the patron saint of dress-makers, fashion designers celebrate November 25 with shows and cocktail parties.

Activité 43

1   M. Lefloës says *'des jeunes filles qu'on aime bien'*, meaning that everybody is fond of them, both at work (*dans les entreprises*) and at home (*dans la vie privée*).

2 (b) What M. Lefloës actually says is *'qui sont pas mariées'*. In correct written French the phrase should be *'qui ne sont pas mariées'*. In relaxed speech, however, French people often leave out the *ne* part of the negation *ne … pas*, as you will hear time and time again on the cassette.

Activité 44

1 You should have underlined *savez* and *connaissez*.

2 (b)

Activité 45

1 – Tu connais le sens du mot 'célibataire'? (*or* Tu sais ce que le mot 'célibataire' veut dire?)
– Non. Qu'est-ce que ça veut dire?

2 – Vous savez quand est la fête d'Émilie?
– Oui, je sais. C'est le dix-neuf septembre.

3 – Tu connais François, il est charmant.
– Je connais François, et je ne suis pas du tout d'accord!

Activité 46

(a) Il y a des décorations de Noël qui sont très traditionnelles: les bougies, le sapin, la bûche dans la cheminée et la **crèche**.

(b) Dans les familles où il y a des cheminées, on aime bien orner la cheminée de bûches. Mais la 'bûche de Noël' est aussi une **pâtisserie**.

(c) Le vingt-quatre décembre, les Français catholiques vont à la **messe** de la nuit de Noël.

(d) Chez les personnes du monde rural, le **repas** de Noël a lieu habituellement le jour de Noël, c'est-à-dire le vingt-cinq.

(e) Mais une coutume se développe de plus en plus, qui est d'utiliser une partie de la nuit de Noël, avant ou après la célébration liturgique, souvent après, pour ce qu'on appelle le **réveillon**, un mélange de plats festifs, mais aussi de réjouissances, de danses, de chansons, de cantiques.

Activité 47

1 **Depuis la fin** du dix-neuvième siècle, mais surtout **depuis le milieu** du vingtième siècle, le sapin est devenu le signe même de ces festivités de Noël.

2 En principe les Français euh… fêtent le réveillon **le vingt-quatre**… euh, mais qu'est-ce qui se passe exactement?

3 Jusqu'aux années **mille neuf cent soixante-dix, mille neuf cent soixante-quinze**, la messe de la nuit était célébrée **à minuit**.

4 Depuis, pour différentes raisons, et en particulier à cause de la participation des petits enfants et des personnes âgées, la messe de la nuit de Noël est souvent célébrée **au début** de la nuit, **vers** vingt heures, **vingt et une** heures, **vingt-deux** heures au plus tard.

5 Chez les personnes du monde rural, le repas de Noël a lieu habituellement le jour de Noël, **le vingt-cinq décembre, à midi**.

Activité 48

1 (a) À vingt heures, vingt et une heures, vingt-deux heures au plus tard.

   (b) Le vingt-cinq décembre, à midi.

   (c) Le vingt-quatre, vers huit heures du soir (*or* vers vingt heures).

   (d) Depuis la fin du dix-neuvième siècle.

3 Whatever your answers were, check that you used *le* before the date.

Activité 49

Y a deux ou trois ans encore, dans le service, on **fêtait** Noël, et euh on avait gardé un peu les traditions, on **réunissait** les enfants du personnel, mais du service. Donc on **faisait** un petit goûter, et puis on **invitait**… euh, les enfants des médecins, des infirmières, des aides-soignantes.

Maintenant on peut plus faire ça, parce que, ben, le service a grandi, maintenant y a beaucoup d'enfants aussi, y a… bon les infirmières se… bien sûr, sont moins célibataires, sont… peut-être se marient plus, mais c'**était** très sympathique!

Alors on faisait, on **passait** des petits films pour les enfants, on…, chacun **avait** un petit cadeau, nous-mêmes, on se **faisait** des petits cadeaux etc., et ça c'**était** très bien.

Activité 50

Quand j'**étais** petit, on partait en vacances vers la mi-septembre. On **allait** dans le Sud, où mes grands-parents **habitaient**. On les **revoyait** chaque année avec plaisir. On **faisait** beaucoup de marche avec mon grand-père, ou bien, quand il **faisait** trop chaud, on **restait** à la maison et on **lisait** de la poésie avec ma grand-mère, qui **aimait** beaucoup Victor Hugo! Je **trouvais** que c'**était** très agréable, ce genre de vacances.

Activité 51

2 (a) Quand est-ce qu'on ouvre les bouteilles de champagne?

   (b) Qu'est-ce qu'on fait à minuit juste?

   (c) Qu'est-ce que les Français envoient à tous leurs amis et connaissances?

   (d) Qui devient le roi de la fête, le six janvier?

Activité 52

2 (a) Bonne année, Mme Lejeune, ainsi qu'à M. Lejeune.

   (b) Bonne année à vous, et à M. Lejeune également.

3 (a) Mes meilleurs vœux de bonheur pour la nouvelle année.

   (b) Bonheur, santé, prospérité, pour vous et tous ceux qui vous sont chers.

Activité 53

Here are two examples of what you could have written. As a reminder, we have printed the verbs in the imperfect in bold type.

Quand j'**étais** petit(e), on **fêtait** Noël en famille avec mes oncles, mes tantes et mes cousins. Les enfants **décoraient** le sapin. Comme on n'**était** pas catholiques, le soir du réveillon on n'**allait** pas à la messe de minuit. On **restait** à la maison et on **faisait** une petite fête: on **chantait**, on **faisait** des jeux, on **passait** une très bonne soirée.

Maintenant, je n'aime pas tellement cette fête. Je suis loin de ma famille, alors je suis un peu triste ce jour-là. Et puis Noël est affreusement commercial: il y a trop de choses dans les magasins, et les enfants reçoivent trop de cadeaux!

Quand j'**étais** enfant [note that *enfant* applies to both male and female], le soir du trente et un décembre, on **avait** la permission de rester avec nos parents et leurs amis jusqu'à minuit. À minuit juste, on **souhaitait** la bonne année à tout le monde, on **buvait** un peu de champagne, et puis on **allait** au lit. Le matin du premier janvier, on **rendait** visite à nos grands-parents et ils nous **donnaient** un peu d'argent. Puis à midi, il y **avait** un grand repas qui **finissait** au milieu de l'après-midi vers quatre heures! C'**était** délicieux!

Maintenant, je continue la tradition. Je trouve que c'est agréable de faire la fête: être avec mes amis et mes enfants pour le réveillon, c'est merveilleux!

Section 4

Activité 55

On consomme **chaque année** en France, **à l'occasion de Pâques**, 5 000 tonnes de chocolat. Les confiseurs, pâtissiers, chocolatiers perpétuent ainsi une fort ancienne tradition. **Il y a 5 000 ans** déjà, les Perses s'offraient mutuellement des œufs de poule pour fêter le renouveau de printemps. En France, la consommation des œufs fut interdite **pendant le carême** par Louis XI. Ce n'est qu'**après la grand-messe de Pâques** qu'il était possible de les manger en omelettes ou en pâtés… Le plus gros œuf pondu **pendant la Semaine Sainte** revenait de plein droit au roi: on le lui offrait, simplement paré d'un ruban, rouge de préférence. L'œuf en chocolat a conservé ce ruban… La coutume voulait aussi que l'on apporte au roi, après la grand-messe de Pâques, des paniers d'œufs peints et dorés qu'il distribuait à ses courtisans. **Bien vite**, le peuple en fit autant.

Activité 56

1   **Il y a** huit ou dix ans, **quand** mes enfants étaient petits, j'achetais **à l'occasion de** Pâques beaucoup de petits œufs en chocolat et je les cachais dans le jardin. **Pendant** toute la matinée du dimanche, ils cherchaient ces œufs. On déjeunait **vers** midi, et **après** le déjeuner ils recommençaient à chercher. Mais ils ne les trouvaient pas tous! Et **chaque** année, jusqu'**en** automne, on retrouvait ici et là le papier doré des petits œufs trop bien cachés. Mais le chocolat n'était plus là, mangé **depuis** longtemps par les insectes et les oiseaux!

2   (a) Le dimanche, quand nous étions enfants, ma mère préparait le repas pendant toute la matinée. Puis on déjeunait à midi juste. Et ensuite on passait l'après-midi dans le jardin.

(b) Quand elle était petite, ma fille trouvait la mer assez chaude à Pâques et elle restait dans l'eau pendant des heures.

(c) Il y a une dizaine d'années, on prenait la voiture pour aller dans le centre-ville, mais maintenant c'est impossible.

Activité 57

3 Le premier mai, ben, ils ne font **rien**, parce que c'est la **fête du Travail**, et on fait rien du tout… Normalement, on ne **travaille** pas. C'est la fête des **travailleurs**.

Note that, although the two words sound identical, the noun *le travail* and the verb *je/il/elle/on travaille* are not spelled the same.

4 This is what M. Lefloës means: 'Yes, in general there are demonstrations in Paris, the trade unions are **out in the streets**, **they make sure their voice is heard**. But it's a **good-natured** demonstration!'

Activité 58

Un *portefeuille* is a wallet, literally a 'carry leaf' (or sheet of paper) and there is a pun with the long-leaved lily of the valley which, as the title implies, brings more luck to those who make money selling it (from the big producers and the card manufacturers to the children selling it on the street) than to those who receive it.

Activité 59

You should have ticked everything except:

1 There are no customers in the shop (we asked them to keep out during the interview).

3 There are no logs (this isn't Christmas time).

6 There is no chair (Jacqueline is too busy to have time to sit down).

9 There are no shoes.

Donc vous pouvez voir dans la boutique: des chapeaux accrochés au mur, des ciseaux, des paniers, une bouteille d'eau minérale, des vases et un téléphone.

Activité 60

3 Hélène	**Qu'est-ce qui se passe dans la boutique**, dès le matin, pour la fête des Mères? **Il y a beaucoup de travail?**
Jacqueline	Oui, énormément de travail pour la fête des Mères: **ça commence le vendredi** d'avant la fête des Mères.
Hélène	Les gens viennent vous commander des choses dès le vendredi qui précède le dimanche?
Jacqueline	Pour la fête des Mères, oui. Et même des fois, **quinze jours avant** pour ne pas être dans la panique avec les gens qui affluent au magasin. On arrange tout le magasin, on met des gros vases de fleurs, on fait beaucoup de présentation et le système Interflora, d'une ville à l'autre ou **d'un département à l'autre**, fonctionne énormément!

4 (a) Il y a **pas mal de** mouches sur cette plage.

(b) J'ai **un tas de** problèmes en ce moment.

(c) Il y a **plein de** monde à la terrasse des cafés.

5 Jacqueline explains that the work begins on the Friday before Mother's Day: she gets the shop ready and prepares Interflora orders. Some people even place their orders a fortnight in advance to be sure of avoiding the last-minute panic.

Activité 61

(a) Demain c'est la fête des Mères. Qu'est-ce que vous avez acheté?

(b) Vous avez acheté quelque chose pour votre maman? (When you listen to Audio Extract 25, in *Activité 62*, note the rising intonation which makes this statement into a question.)

(c) L'année dernière qu'est-ce qu'ils vous ont offert?

Activité 62

Interview 1

1 The woman answers *'Rien, parce que nous ne savons encore pas, nous sortons de ce magasin et... nous allons réfléchir encore.'*

Interview 2

2 The man says *'Je n'ai plus de maman. Mais j'ai ma femme qui est mère, qui est une mère, à laquelle j'offre un petit cadeau bien entendu, mais surtout le restaurant. Pour nous, Français, c'est quelque chose de très important, étant donné que les femmes travaillent et que le restaurant est une récompense pour tout le monde.'* And to the question *'Et tous les enfants vont venir au restaurant aussi?'*, he answers *'Absolument, c'est une fête familiale.'*

4 He adds *'dans un restaurant gastronomique, exclusivement'*.

Interview 3

1 The older woman says *'Je vais me réunir avec mes enfants, et mes petits-enfants.'* And after the question *'Y a trois générations?'*, she confirms *'Ben* c'est-à-dire j'ai ma fille, et j'ai mes petits-enfants. Je suis grand-mère.'*

* Spoken form of *eh bien*, meaning 'well'.

4 She says *'Je me souviens plus, moi... qu'est-ce que c'est qu'elle m'a offert?'*

Activité 63

Here are some examples of the kind of sentences you could have made up:

– C'était un bouquet de fleurs peut-être?

– C'était un parapluie peut-être?

– C'étaient des chaussures peut-être?

– C'était un porte-clefs peut-être?

– Quelque chose pour le bureau?

– Quelque chose pour la voiture?

– Quelque chose pour la cuisine?

– Quelque chose pour le jardin?

Activité 64

– Il est onze heures, je vais au lit.

– Bonne nuit!

– Je monte dans le train, il va partir.

– Bon voyage!

– Allez, bonsoir. Je rentre à la maison.

– Bonne soirée!

– Bon, je vais déjeuner. Je reviens dans une heure.

– Bon appétit!

– Bon, je vais travailler. À ce soir!

– Bonne journée!

– J'ai deux examens demain!

– Bonne chance!

Activité 65

Here is a transcript of what Jacqueline said. If you picked out any of the words in bold, they would have suggested to you that the day did not go very well.

Hélène	Comment ça a marché pour vous aujourd'hui, la fête des Mères?
Jacqueline	Une **petite** fête des Mères…
Hélène	Pourquoi?
Jacqueline	Peut-être **un phénomène de récession** et le 'pont', **les gens sont partis à la mer**. **Malheureusement, on a fait moins 30%** cette année. On l'a vu tout de suite en faisant les comptes et **ce qui reste de fleurs** dans les vases.
Hélène	Vous êtes ouverts tout cet après-midi?
Jacqueline	Non, on ferme… quatorze heures.
Hélène	Et qu'est-ce que vous allez faire?
Jacqueline	Euh… dormir!

Here '*une* **petite** *fête des Mères*' implies that business was not very good for Jacqueline. She thinks the reason might be the recession and the fact that people took a long week-end and went away to the seaside. She estimates that they are down by 30%, as compared with last year, and says that this was obvious immediately they added up their takings and saw the number of flowers that were still in the vases.

Activité 66

1   Here is the beginning of the passage:

L'année dernière, je suis allée à Nantes, en France, au mois de juin et j'ai passé la fête des Mères avec des amis français. Dès le vendredi, nous avons fait des courses pour acheter des cadeaux. Il y avait un tas de gens dans les magasins, et moi je n'aime pas tellement ça. Nous avons beaucoup cherché, mais nous n'avons rien trouvé. Le dimanche matin, nous sommes allés chez la fleuriste et nous avons choisi un bouquet superbe.

2   You could have ended it this way:

Finalement, Christian a aussi offert à sa mère un bijou. Mais qu'est-ce Nicole a apporté? C'était peut-être quelque chose pour la maison? Je ne me souviens plus du tout. Je sais que leur mère était très contente. Et à midi, on a fait un repas merveilleux dans un restaurant gastronomique.

Acknowledgements

Grateful acknowledgement is made to the following sources for permission to reproduce material in this book:

Text

p. 33: 'Légion d'honneur - promotion riche en personnalités', *Le Figaro*, 15 July 1992, copyright *Le Figaro*, 1993; p. 46: '4 200 militaires sur les Champs-Élysées', *Le Figaro*, 15 July 1992, copyright *Le Figaro*, 1993, par François Bouchon; p. 56: Prévert, J. (1972) 'L'automne', *Paroles*, © Éditions Gallimard; p. 75: Duhamel, J. (1990) 'L'œuf de Pâques', *Grand Inventaire du genie français en 365 objets*, Albin Michel.

Illustrations

p. 11: Gary Rees; pp. 19 and 94: Ministère de Tourisme, France, 1991; p. 70: Faizant, J. (1992) *Le Point*, no. 850, January 1992, © Christiane Charillon, Paris.

Cover photograph by David Sheppard

This book is part of L120 *Ouverture: a fresh start in French*.

Cadences

1 L'année mode d'emploi
2 Le temps libre et le temps plein
3 Vivre en collectivité
4 Vivre la nuit

Valeurs

1 Marketing et consommation
2 Gagner sa vie
3 Douce France?
4 La qualité de la vie

The two parts of the course are also sold separately as packs.
L500 *Cadences: update your French*
L501 *Valeurs: moving on in French*